# 新时代背景下中国农业对外合作制度设计与政策选择

农业农村部农村经济研究中心

张 振 于海龙 编著

中国农业出版社

北 京

# 前　　言

　　国内外实践证明，农业对外合作是促进多边和双边合作的重要举措，是深化国际产能合作、构建开放型经济新体制的重要内容。深入开展农业对外合作不仅有利于提升各国农业全球资源配置力、国际影响力，而且对维护全球和区域粮食安全具有重要意义。未来国内主要农产品产量将继续保持增长态势，需求增长可能更为强劲，供求关系将长期处于紧平衡状态。事实证明，"强制供求平衡"下的粮食安全战略将越来越难以为继，必须通过深化农业对外合作，走粮食安全新战略下的改革之路，不断提升农业统筹利用国内国际两个市场两种资源的能力。当前，世界经济增长依旧乏力，贸易保护主义、霸凌主义、孤立主义、民粹主义等思潮不断抬头，国际投资贸易格局和全球经贸规则体系都在重构之中，世界经济发展不稳定、不确定因素增多，世界和平与发展面临的挑战越来越严峻，农业对外合作面临着前所未有的挑战和困难。在此背景下，对中国农业对外合作进行回顾和展望具有十分重要的现实意义。本书以农业对外直接投资、农业利用外资、农产品贸易及农业对外援助为重点，试图梳理改革开放 40 年中国农业对外合作发展历程、成效及问题，对影响农业对外合作的主要因素进行实证研究，并分析农业对外合作对国内调结构转方式的影响，借鉴典型国家及企业农业对外合作的经验和教训，提出未来农业对外合作的政策建议。

　　本项研究先后获得了农业农村部国际合作司、国家社会科学基金青年项目"一带一路"背景下农业对外合作风险防范与政策设计（17CGJ016）的资助。项目的顺利开展，还得到了很多政府部门、科研院所和企业的支持，在这里一并表示感谢。它们分别是：农业对外合作部际联席会议办公室、国家发展和改革委员会宏观经济研究院、国务院发展研究中心、农业农村部对外经济合作中心、农业农村部对外贸易促进中心、农业农村部国际交流服务中心、北京大学光华管理学院、北京工商大学、湖南农业大学、辽宁工程技术大学、黑龙江相关部门、安徽相关部门、广西相关部门、天津农垦、中粮集团等。

感谢课题组成员的辛勤付出。他们是辽宁工程技术大学韩家彬团队、北京工商大学于海龙、湖南农业大学古川副教授。本书的出版也得到了农业农村部农村经济研究中心各位专家的支持。同时，也感谢中国农业出版社贾彬对本书出版的支持。在此一并表达作者最诚挚的谢意。

本项研究的部分成果以《"一带一路"背景下中国农业对外合作的潜力、风险与对策研究》《农业国际贸易对国内产业结构影响机制研究》《新时期农业"走出去"政策的演进过程与发展框架》《中国农业对外直接投资是否存在生产率悖论》《从三大区域看"一带一路"农业国际合作》为题分别发表在《经济问题》《湘江论坛》《统计与信息论坛》《中国投资》等。还有部分成果收录在《中国农村研究》《农村经济动态》《改革内参》《农业农村部消息》等，以内参签方式报送相关部门，获得有关领导批示。

当前，中国正处于"两个一百年"奋斗目标的历史交汇期，要有效解决新时代社会主要矛盾，顺利实现"两个一百年"奋斗目标，必须打牢筑实农业这个国民经济的基础，不断加强农业对外合作，统筹利用好两个市场、两种资源、两类规则。农业对外合作是一个重要而又复杂的系统工程。这些成果更多的是课题组对近几年农业对外合作相关研究成果的一个总结，只是对农业对外合作相关问题的初步探讨，仍有许多需要继续跟踪研究和改进的地方。希望本书的出版能够给大家进一步了解中国农业对外合作提供帮助，欢迎大家批评指正。

张　振

2018 年 12 月 6 日　于西四砖塔胡同

# 目　　录

# 1 导　　言

## 1.1　研究背景及意义

改革开放 40 年来，中国始终坚持走对内改革、对外开放的道路，经过长期努力，各项事业取得重大成就。尤其是党的十八大以来，以习近平为核心的党中央高举和平发展、合作共赢旗帜，在深刻把握新时代中国和世界发展大势的基础上，提出了一系列具有针对性的国际战略思想和外交理念方针，科学阐述了国内发展与对外开放的关系、中国发展与世界发展的联系，提出了构建新型国际关系和开放型经济新体制等重大论述，形成了新时代中国特色社会主义外交思想[①]。通过推进"一带一路"建设、国际产能合作，推动成立金砖国家新开发银行、亚洲基础设施投资银行等国际金融机构，中国初步形成了陆海内外联动、东西双向互济的开放新格局。

农业对外合作是深化对外开放的重要组成部分。国内外实践证明，农业对外合作是促进多边和双边合作的重要举措，同时也是深化国际产能合作、构建开放型经济新体制的重要内容。农业对外合作不仅有利于提升各国农业全球资源配置力、国际影响力和全球影响力，而且对维护全球和区域粮食安全也具有重要意义。中国粮食总产量连续 5 年保持在 1.2 万亿斤[②]以上，主要农产品供给充足，以占世界 8% 的耕地养活了占世界 21% 的人口，创造了世界奇迹。未来国内主要农产品产量将继续保持增长态势，但需求增长可能更为强劲，供求关系将长期处于紧平衡状态，事实证明，"强制供求平衡"下的粮食安全战略

---

① 习近平新时代中国特色社会主义外交思想概括起来主要包括十个方面，坚持以维护党中央权威为统领加强党对对外工作的集中统一领导，坚持以实现中华民族伟大复兴为使命推进中国特色大国外交，坚持以维护世界和平、促进共同发展为宗旨推动构建人类命运共同体，坚持以中国特色社会主义为根本增强战略自信，坚持以共商共建共享为原则推动"一带一路"建设，坚持以相互尊重、合作共赢为基础走和平发展道路，坚持以深化外交布局为依托打造全球伙伴关系，坚持以公平正义为理念引领全球治理体系改革，坚持以国家核心利益为底线维护国家主权、安全、发展利益，坚持以对外工作优良传统和时代特征相结合为方向塑造中国外交独特风范。

② 斤为非法定计量单位，1 斤等于 500 克。

将越来越难以为继，必须坚持走"以我为主、立足国内、确保产能、适度进口、科技支撑"粮食安全新战略下的改革之路，通过深化农业对外合作，不断提升农业统筹利用国内、国际两个市场、两种资源的能力。与此同时，随着改革开放的深入，中国农业积累了诸多富足产能，农业技术和资金优势明显，如杂交水稻、作物栽培、病虫害防治、畜禽养殖、节水灌溉、农副产品深加工等；而世界上还有诸多国家对解决饥饿和贫困、保障粮食安全愿望强烈，在农田水利设施建设，农业生产技术及生产资料供给，农产品加工、仓储物流设施建设等方面发展需求迫切，这为新时代深化农业对外合作提供了历史机遇。当前，全球经济出现了稳定向好的趋势，但世界经济增长依旧乏力，贸易保护主义、孤立主义、民粹主义等思潮不断抬头，大国间贸易摩擦将成为常态，国际投资贸易格局和全球经贸规则体系都在重构之中，世界经济发展不稳定、不确定因素增多，世界和平与发展面临的挑战越来越严峻。在当今国际国内环境发生重大变化背景下，农业对外合作面临着前所未有的挑战和困难。

从实际意义来看，经过长期努力，中国特色社会主义进入了新时代，这是中国发展新的历史方位。在此历史时点上，我们需要回顾历史，认真总结改革开放尤其是加入世界贸易组织（WTO）以来中国农业对外合作的发展历程、取得的成效及存在的突出问题，找出制约中国农业对外合作发展的关键因素。国务院办公厅已下发《关于促进农业对外合作的若干意见》，农业部、国家发展和改革委员会、商务部共同印发了《农业对外合作"十三五"规划》，农业部、国家发展和改革委员会、商务部、外交部联合对外公布了《共同推进"一带一路"建设农业合作的愿景与行动》，国家发展和改革委员会、商务部、中国人民银行、外交部印发了《关于进一步引导和规范境外投资方向的指导意见》，各方对农业对外合作越来越重视。系统梳理中国农业对外合作支持政策及演变，研究内容符合上述工作方向，具有实际意义。

从理论意义上看，农业对外合作和境外投资问题的交叉研究，可以丰富国际投资理论和农业对外合作理论。首先，将农业的独有特征融入国际投资理论中，使农业对外合作理论与国际投资理论相结合，可以丰富国际投资理论。农业产业具有特殊性，其投资的领域、规模、效益同其他产业存在诸多差异，在国际投资理论视角下研究农业产业对外合作可以极大丰富农业对外合作理论。其次，现有关于农业对外合作方面的研究多数为案例分析和研究报告，对农业对外合作的实证研究较少，本研究将在规范研究的基础上，实证研究制约农业对外合作的主要影响因素，定量分析农业对外合作对国内产业结构的影响，在借鉴国外农业对外合作经验基础上，提出农业对外合作的中国方案。

# 1.2　相关理论及国内外研究现状

农业对外合作是经济全球化的重要体现，它是指一国或地区农业产业链条置身世界经济之中，融入国际分工，参与国际经济循环，实现资本、技术、劳动力、资源、信息等生产要素国际范围内的优化配置，促使一个国家或者地区农业经济走向世界并同世界经济融为一体的过程，其实质是世界范围内的农业社会化。从欧美等发达经济体农业对外合作的历程来看，其主要内容包括贸易领域的农产品及以农产品为原料的加工品的国际市场竞争力情况、农业对外直接投资、农业利用外资及共同参与农业领域贸易、投资规则制订等。该领域的经济学理论主要包括农产品贸易、农业对外投资等理论。其中关于农产品贸易及竞争力的理论主要包括：一是西方传统贸易理论。亚当·斯密提出的绝对优势理论，大卫·李嘉图批判地继承和发展了斯密的绝对优势学说，提出了相对比较优势理论，到 20 世纪初，瑞典经济学家赫克歇尔和俄林提出了要素禀赋理论。二是马克思主义国际贸易理论。该理论主要由国际分工理论、国际价值理论、社会再生产理论等理论构成。三是新贸易理论。该理论主要由技术差距论、产品生命周期理论、偏好相似说理论、产业内贸易理论、国家竞争优势论等理论构成。关于农业对外投资理论主要包括：对外直接投资微观理论和对外直接投资宏观理论等。

## 1.2.1　农产品贸易理论

**（1）西方传统贸易理论。** 1776 年，亚当·斯密在其《国富论》中提出，各国在生产技术上的绝对差异，造成了劳动生产率和生产成本上的绝对差异，是国际贸易和国际分工的基础。如果一国拥有更高的劳动生产率或更低的生产成本和价格，就称该国在这一产品上拥有绝对优势。绝对优势理论认为，一国应该专业化生产并出口那些自己拥有绝对优势的产品。当两个国家用各自拥有绝对优势的产品相交换时，两个国家的社会福利水平会得到同时提高，因此从绝对优势理论可以看出，一国具有绝对优势的产品具有国际竞争力。1817 年，大卫·李嘉图从相对生产率的角度提出比较优势理论，两个国家间，即使一国在两种商品的生产上均处于生产劣势，仍可进行互利贸易。一个国家可以专门生产、出口它的绝对劣势相对小一些的商品（其有比较优势的商品），同时进口其绝对劣势相对大的商品（其有比较劣势的商品），同样能获得贸易收益，提高社会福利。比较优势也可以通过劳动生产率、生产成本和价格来衡量。1933年，瑞典经济学家俄林在其老师赫克歇尔研究的基础上提出要素禀赋理论，该理论认为，由于国与国之间在要素禀赋上存在差异，使得要素价格也产生差异，进而导致生产成本和产品价格的差异。一国应该出口那些在生产中需要密集使用该国相对丰裕和廉价的生产要素的产品，而进口那些在生产中需要密集使用该国相对缺乏和昂贵的生产要素的产品。这一理论与比较优势理论不同之处在于，比较优势理论是从各个国家生产率的差异来解释成本和价格的差异，而要素禀赋理论是从生产产品的投入要素价格的差异来解释比较优势，而投入要素价格的差异最终是由各个国家对最终消费产品的需求决定的。要素禀赋理论告诉我们，一个产品的竞争力主要来自其生产要素价格方面的竞争力。

**（2）马克思主义国际贸易理论。**马克思主义国际贸易理论包括三种理论：国际分工理论、国际价值理论、社会再生产理论。其中，国际分工是客观的经济范畴，是人类生产力发展到一定阶段的必然产物，国际分工是生产力发展的结果，同时又为生产力的进一步发展提供了必要的前提。当然也正是此理论为中国参与国际分工指明了方向，也为中国发展对外贸易提供了理论依据。国际价值理论包括三个层面：其一，商品在国际市场上进行交换，是以商品的国际价值为交换尺度，而国际价值是由国际社会必要劳动时间决定的；其二，商品要进入国际市场，意味着同一商品拥有两种价值尺度，即国内价值和国际价值，而且这两种价值尺度之间存在着差异，即绝对差异和比较差异；其三，利用国内价值和国际价值的差异可以使贸易双方在国际交换中实现互利。中国作为一个发展中国家应当以国际价值理论为基础，以国民经济发展的长远利益为重，在保证全局长远的经济利益的前提之下，充分利用国际市场条件，参与国际交换，获取贸易收益。社会再生产理论的基本内容包括在一国范围内由于各种资源的制约，不可能在实物形态上达到社会再生产所要求的平衡关系。必须通过对外贸易来解决社会再生产对各种比例关系的需要，发展对外贸易可调节余缺，以长线资源交换短线资源，扩大经济规模，加速经济发展，提高国民福利水平。对外贸易在新的经济循环中，不仅对国民经济起调节和补充作用，还必须发挥强有力的杠杆作用和推动作用。对于中国来说，必须通过对外贸易，才能根据中国的需要和国际市场的可能，将国外资源和市场有机结合起来。

**（3）新贸易理论。**传统的国际贸易理论的前提是规模报酬不变和完全竞争的市场结构。这是一种完美假设，客观上并不存在，正是由于传统贸易理论的假设前提存在问题，新贸易理论应运而生。新贸易理论主要包括技术差距论、产品生命周期、偏好相似说、产业内贸易理论、国家竞争优势论。

其中，技术差距理论又称创新与模仿理论，它把国家间的贸易与技术差距的存在联系起来，认为正是一国的技术优势使其在获得出口市场方面占据优势。由于各国对技术的投资和技术革新的进展不一致，因而存在着一定的技术差距。这样就使得技术资源相对丰裕的或者在技术发展中处于领先的国家，有可能享有生产和出口技术密集型产品的比较优势。产品生命周期理论揭示出比较优势是在不断转移的，每一国在进行产品创新和模仿引进或扩大生产时都要把握时机。而进行跨国经营，就可以利用不同阶段的有利条件，长久保持比较优势。它还反映出当代国际竞争的特点，即创新能力、模仿能力是获得企业生存能力和优越地位的重要因素。偏好相似说又称需求偏好相似说，分析了需求在国际贸易中的重要地位。它的意义在于它部分解释了部门内部贸易发展迅速，激发发达国家之间贸易量，远远超过发达国家与发展中国家之间贸易量的原因。产业内贸易理论又称差异化贸易理论，是指同一产业部门内部的贸易差异化产品的交换及中间产品贸易。该理论通过产品差异性、规模经济或规模报酬递增以及偏好相似等概念解释产业内贸易形成的原因。从该理论可以看出，中国要在国际贸易中提高地位，必须从规模经济方面考虑增强国际竞争力。一国的竞争优势到底是由什么决定的，波特指出其关键在于国家是否具有创新机制和充分的创新能力，并且他又解释了宏观竞争机制决定因素的钻石模式。波特的国家竞争优势理论弥补了其他国际贸易理论的不足。

**（4）竞争优势理论。** 世界银行专家拉威（HamidAlavi）在研究国际竞争力时，把影响一国竞争力的因素分为两大类，即促进国际竞争力的环境因素和企业内部因素。这两类因素既相对独立，也密切相关，它们的有机结合便构成一个国家的国际竞争力。一是促进国际竞争力的环境因素。在宏观上，促进国际竞争力的环境因素具体可以分为五项：总体系统活力，包括一个国家的经济实力及具体表现，短期及中期成长的趋势、投资程度及贸易实力。金融系统活力，包括一个国家的财政实力、公债、外汇、储备、利率、长期和短期借债机会。市场系统活动，包括企业的经营重点、经营总额利率及纳税率，政府在经济中的参与程度、技术实力、经济的外向程度。基础设施，包括桥梁、铁路、通信、能源网络等实物性的基础设施、自然资源、社会及政治系统的稳定程度，以及经济组织方面的基础设施，如从事技术创新与扩散的机构、承担风险的机构、开发人力资源的机构、鼓励出口的机构等。人力资源，包括国民健康水准、教育程度、智力素质以及应变能力。二是促进国际竞争力的企业内部因素。第二类因素主要是个体的，即公司层次。它主要包括：①生产效率及灵活性，包括管理水准、生产组织方式及劳动生产率；②企业内部为生产服务的各种因素，包括对员工的雇佣及培训、内部金融及财政管理、信息处理、产品质量控制、产品设计及研究能力、市场开发能力。总体的环境因素不仅直接影响生产过程中所需的各种投入，并进而影响企业的生产过程，而且还通过影响企业内部为生产服务的各种因素对一个国家的国际竞争力产生影响。

1990 年，美国著名学者迈克尔·波特出版了《国家竞争优势》一书，推动了竞争优势理论的发展，波特在《竞争战略》和《竞争优势》两本著作中指出，一个产业内部的竞争状态取决于 5 种基本竞争作用力，这 5 种作用力综合起来决定着该产业的盈利能力。对不同的产业而言，这些作用力的强度不同，因此导致产业的盈利能力也不相同。在《国家竞争优势》一书中，波特通过研究考察许多国家特定产业发展和参与国际竞争的历史，认为一国的特定产业是否具有国际竞争力取决于生产要素，需求状况，相关与辅助产业状况，企业策略、结构域竞争者等 4 个关键因素和机会、政府行为两个辅助因素，这 6 个因素构成了产业国际竞争力的"钻石"模型。波特还认为，由以上 6 个因素所构成的竞争环境决定了一个国家的某个产业是否具有国际竞争力或是否处于优势地位。其中，除了机会因素可以被视为外生变量，其他因素之间都是互动的，即每个因素都能够强化或者削弱其他因素的作用。波特在《国际竞争优势》中还指出，一国竞争优势的发展可以分为 4 个阶段，即要素推动阶段、投资推动阶段、创新推动阶段和财富推动阶段。

## 1.2.2　对外直接投资的相关理论

西方学术界相近的研究主要体现在对外直接投资理论方面。该理论可以划分为两大体系，即对外直接投资微观理论和对外直接投资宏观理论。对外直接投资微观理论是以对外直接投资的行为主体——跨国公司为基本考察对象，从微观层面上研究跨国公司对外直接投资动因、投资流向和投资决策。主要流派有：海默（S. H. Hymer）和金德尔伯格（C. P. Kindleberger）的垄断优势理论、巴克莱（P. J. Budkley）和卡森（M. Casson）的内部化理论、维农（R. Vernon）的产品生命周期理论、邓宁（J. H. Dunning）的国际生产折衷理论和凡尤格勒斯（R. Veugelers）的战略性对外直接投资理论等。对外直接投资宏观理论是以国家为基本考察对象，从宏观层面上分析、探讨对外直接投资可能给有关国家（东道国和投资母国）带来的经济利益，揭示不同国家允许和接受直接投资的原因。对外直接投资宏观理论体系代表性的流派主要有：麦克道格尔（G. D. A. Macdongall）和肯普（M. C. Kemp）的国际投资利益分配模型、小岛清（K. Kojima）的边际产业扩张理论、阿利伯（R. Z. Aliber）的资本化率理论、邓宁的投资发展阶段理论和波特（M. E. Porter）的竞争优势理论等。

最初的研究主要针对发达国家，试图从不同角度对发达国家的对外直接投资行为进行解释，代表性的理论有垄断优势理论、内部化理论、国际生产折衷理论、产品生命周期理论和边际产业扩张理论。20 世纪 70 年代以后，发展中国家对外直接投资活动不断增加的现象，引起了学者们的广泛关注，他们针对发展中国家海外投资的动因和机制进行了深入研究，试图从理论上加以解释。代表性的理论和观点主要有小规模技术理论、投资发展阶段理论、技术地方化理论和技术创新产业升级理论。

其中，海默的垄断优势理论（Hymer，1976）将企业具有的技术、管理、营销、融资等垄断优势作为企业进行国际直接投资以最大化整体利润的原因。巴克利和卡森的内部化理论（Buckley 和 Casson，1976）从成本和收益的角度解释了国际直接投资的动因，认为当内部化收益大于外部市场交易成本和为实现内部化而付出的成本时，企业具有内部化优势，可实现跨国经营。邓宁的国际生产折衷理论（Dunning，1975）核心是"三优势范式"（OIL），即跨国公司对外投资的动因是因为具有所有权特定优势、内部化优势和区位特定优势这三大优势。弗农的产品生命周期理论（Vernon，1966）主要说明了区位因素在对外直接投资中的重要性，根据产品的技术生命周期规律，较好地说明了美国等发达国家跨国公司在一定时期对外直接投资的区位选择动机和原因。小岛清的边际产业扩张理论（Kojima，1978）基于日本企业的对外投资行为，从产业结构调整的角度解释了企业对外直接投资的动机和产业决策，应从投资国的边际产业即已经处于或即将陷于比较劣势的产业依次进行。

威尔斯的小规模技术理论（Wells，1983）认为发展中国家由于拥有小规模生产技术的比较优势，也可以进行对外投资，从而为经济落后国家发展对外直接投资提供了理论依据。邓宁的投资发展阶段理论（Dunning，1981）指出了国际资本流动的形式与一国所处的经济发展阶段有关，一国经济发展水平直接决定了其对外直接投资的能力，两者之间是一种正相关的关系。拉尔的技术地方化理论（Lall，1983）指出，发展中国家通过引进先进的技术和工艺并进行改造，使发展中国家获得了自己的竞争优势，可以到其他国家进行对外直接投资活动。坎特威尔和托兰惕诺（Cantwel 和 Tolentino，1990）的技术创新产业升级理论从技术累积论出发，解释了发展中国家的对外直接投资活动，认为技术能力的提高是一个不断积累的结果，与其对外直接投资的增长直接相关。

长期占据主导地位的是以发达国家尤其是美国跨国公司对外直接投资为研究对象的对外直接投资微观理论，这些理论主要强调跨国公司应具有各种垄断性的优势地位条件和能力。按照这种论断，发展中国家的大多数企业都不可能对外直接投资，因为无论从规模、资本、技术水平还是经营管理技能等方面，发展中国家的企业同发达国家企业相比都存在着明显的差距。但事实上，从 20 世纪 80 年代起，发展中国家的大、中、小企业都分别开始走上了跨国经营之路，有些企业还直接打入了发达国家的内部市场。这种现象引起了西方学者的极大关注。在西方学术界，对于是否需要新的理论来解释发展中国家对外直接投资这一问题存在着不少争论。一些经济学家如邓宁、巴克莱、卡森等人认为，主流对外直接投资理论对发展中国家对外直接投资仍然具有很强的解释力。另一些学者如威尔斯（L. T. Wells）、拉奥（S. Lall）、坎特威尔（J. Cantwell）和托兰惕诺（P. E. E. Tolentino）等人则不满足于以往的分析模式，认为应该从发展中国家技术积累的演变过程对发展中国家对外直接投资进行研究，提出了小规模技术理论、技术地方化理论和技术创新产业升级理论等。还有一些学者从新的角度阐述对外直接投资的决定因素，提出了投资诱发要素组合理论。

### 1.2.3　国内学者农业对外合作研究

相对于国外学者对农业对外合作的研究来说，国内不仅在研究时间上起步较晚，在研究视角上也更为集中，主要集中讨论四个方面：一是农业对外合作的整体战略研究。未来为确保中国农业安全，需要推进农业走出去和市场多元化战略（万宝瑞，2015）。农业对外直接投资对中国产业转型升级、出口业绩改善、国民收入提高、就业机会增加等方面产生积极影响，要加快实施"走出去"战略（宋洪远，2012）。中国农业"走出去"的战略，涉及国家利益、双边关系、区域发展等政治、经济、贸易和社会领域的重要方面（王为农，2012），不仅能够有效突破中国农业发展的资源约束瓶颈，摆脱国际农业跨国公司的垄断，还能够充分发挥中国外汇储备优势，确保中国农产品的有效供给（谭砚文，2011）。从国家粮食安全角度来说，必须把保障国家粮食安全、主要农产品有效供给和平抑国内农产品价格作为农业"走出去"的目标任务（张振，2015），并且，在开放经济条件下，合理利用国际农业资源，有利于实现粮食供求平衡，规避粮食安全风险，促进粮食品种多元化和提高粮食产品质量，提高粮食安全的综合保障能力（张志彬，2014）。同时，当前也有必要走向国际农业产业链的高端，实现全球视角下的"国家食物链安全"（倪国华，2014）。资源是一国的天然禀赋，是赖以生存和发展的必要条件。农业资源配置不均衡是世界各国农业发展水平不同的原因之一，也是影响产业安全、经济稳定等的重要因素。中国农业肩负着保障农产品供给安全的重任，现阶段面临着人均耕地少、水资源紧缺、供需失衡等诸多方面的局限。因此，农业对外投资合作成为利用国际国内两个市场、两种资源的必然选择，是拓展中国农业发展空间的必经之路（杨易，2012）。中国农业与"一带一路"沿线国家的对外合作前景广阔，今后农业加快"走出去"应更加注重依托农业企业载体，而农业企业向海外发展时，应做好投资项目选择、风险预警控制和相关人才培养等工作（魏登峰，2016）。中国农业对外合作要从增强双方政治互信、加强高科技领域和金融合作、深化交通和产能合作以及促进旅游交流等方面，加快农业"走出去"（徐波，2018）。中国对"一带一路"沿线国家农产品出口增长扩展边际和集约边际波动较大，扩展边际对农产品出口增长起主要推动作用；经济规模、地理面积、人口密度、关税水平、贸易距离、各国进口所需文件数、贸易国建立仓库所需时间、汇率成本和外部冲击对农产品出口增长集约边际具有显著影响（黄杰，2018）。粮食安全，对人、国家和国际体系的安全都意义重大，只有金砖国家真正树立并践行新安全观，才能聚合各方诉求，加强合作动力，深化气候、科技创新、农业贸易投资便利化、信息交流与共享等领域的合作，完善政府、科研、企业三位一体的合作机制，推动全球粮食安全治理体系向更加有利于发展中国家的方向发展（张蛟龙，2018）。新时代为中国农业经济发展和国际交流合作带来新的机遇，适应农业供给侧结构性改革需求，依托"一带一路"，充分利用国际平台，实现更高层次的"引进来"和更大规模的"走出去"（仰叶齐，2018）。二是农业对外合作问题对策研究。当前，中国农业对外合作存在很多问题，比如缺乏对全球农业资源利用战略的顶层设计和总体规划、不能基于全球视野审视粮食生产资源、建立国家粮食安全保障机制（程国强，2013），再加之国际投资环境不宽松、国内支持政策体系不完善和政府管理与服务不到位（翟雪玲，2006），制约了"走出去"的健康发展。面对这些问题，我们需要借鉴美国、日本以及法国等发达国家第二次世界大战以后在农业对外经济合作方面的机制建设和做法（蔡亚庆，2011），比如日本在发展过程中，采取了"确保稻米主粮自给＋小麦和饲料粮进口依赖＋海外农业拓展"的粮食战略，施以巨额补贴国内生产和高关税限制进口以确保稻米主粮自给，粮食储备制度化，通过官民协力的投资模式积极发展海外农业投资，支持农业企业渗入主要产粮国和全球粮食供应网络等政策（何安华，2014）。杨易（2012）在梳理现有对外农业投资合作资金支持政策和对重点农业外向型企业实际需求深入调查的基础上，研究了现有资金支持政策的执行情况和存在的问题，提出了今后一个时期资金支持推动对外农业投资合作的政策建议。中荷两国农业合作发展路径包括投资合作、贸易合作、活动交流、共建平台、区域创新等，中国在提高合作效率上应因地制宜地选择投资项目，将投资基点放在市场，提高现代科技与科学管理水平，注重农业生产经营体系的建设（包乌兰托亚，2018）。目前中国农业对外经济合作已经取得了巨大的成就，但相比发达国家，"走出去"战略仍处于起步阶段，中国的农业对外经济合作依然面临诸多挑战和困难，因此借鉴国外经验，结合中国国情，对中国农业对外合作的机制管理和做法进行进一步完善和改进是当前的首要任务（张月，2016）。农业对外合作是中国"走出去"战略的重要组成部分，是有效提升中国农业全球竞争力的重要途径。随着中国深化改革，扩大对外开放，农业对外合作快速发展。"一带一路"倡议的推出，助力中国农业对外合作开创新局面。目前以对外投资为主的农业对外合作，仍存在诸多问题和制约因素，需要采取有力的政策措施加以应对和解决（李艳君，2016）。三是农业对外合作政策研究。金融支持和税收政策是研究的热点。王镭（2014）提出需要借鉴发达国家的经验，在金融方面支持农业走出去，加强融资、保险和金融服务对企业的支持。张晨（2015）认为金融服务支持农业"走出去"在信贷支持力度、中间业务、股权融资、信用保险、汇兑结算等方面仍存在诸多不足，需要构建一个多层次、宽领域、逐步推进的金融服务支持体系，提供针对性强、差异化的金融服务支持。杨光（2014）分析了涉及中国农业企业的税收政策后认为，当前税收政策的支持范围和力度都还不够，建议建立完善适用于中国农业企业"走出去"税收优惠政策，以深化中国农业国际合作。蔡亚庆（2011）深入分析了美国、日本以及法国等发达国家第二次世界大战以后在对外农业经济合作方面的机制建设和做法，在借鉴国外经验的同时，结合中国的实际国情，提出了建立中国新型农业对外经济合作机制的政策建议。赵忠臣（2015）认为新农业对外合作模式重点是加强农产品加工、储运、贸易等环节合作，支持开展境外农业合作开发，推进科技示范园区建设，开展技术培训、科研成果示范、品牌推广等服务。完善支持农业对外合作的投资、财税、金融、保险、贸易、通关、检验检疫等政策，落实到境外从事农业生产所需农用设备和农业投入品出境的扶持政策，进一步明确对外农业合作开发的发展方向。韩振国（2018）认为在"一带一路"倡议下开展对外农业合作是未来中国农业发展的重要路径，作为具有地缘空间特征的倡议，"一带一路"推动中国对外农业合作空间格局的演变，"一带一路"背景下中国与相关国家的农业合作以周边国家为主、大区域合作为辅，农产品贸易潜力较高。古川（2017）认为新时期中国农业"走出去"战略被赋予了丰富的内涵，支持政策也随之不断完善。政策在此过程中大致经历了四个发展阶段，呈现出结合国家战略更紧密、问题处理更有针对性、操作策略更成熟的趋势。四是农业对外合作企业动态研究。农业对外合作的落脚点还是农业企业，当前主要有农业对外合作企业发展现状、趋势和经验借鉴的研究。中国农业企业"走出去"主要以租地、购地和直接农业种植为主，"走出去"企业不仅受限于自身能力缺失，还受到国内体制和政策限制以及东道国政策环境制约（仇焕广，2013）。宋洪远（2014）对山东、浙江、广西和黑龙江4省（自治区）36家企业对外农业投资的案例研究，从企业自身、国内政策、支持服务体系、国外投资环境等四个方面分析了中国企业对外农业投资面临的问题和障碍。方旖旎（2015）从农业企业"走出去"的趋势看，国际金融危机后中国企业境外农业投资规模增长明显，投资偏向种植业，并且以上游资源获取与下游销售为主。从农业"走出去"模式看，中国已形成全产业链、抱团出海、租地代种、替代种植、收购兼并五种主要模式（张振，2015）。未来"走出去"企业必须面对企业软实力输出和提升，加强本地化运营，提升形象，与目标国家或地区互利共赢（姜晔 等，2015）。

随着中国对农业对外合作的日益重视，在农业对外合作的战略方面已经有了较为全面的探讨，同时，由于中国农业对外合作的区域不断扩大和程度不断深化，区域研究的对象越来越丰富，所涉及的资源要素也有了更全方位的考虑。在农业企业对外合作的过程中，随之而来的关于成功经验和惨痛教训的案例研究不断涌现，大样本的实证研究也逐步开展起来。从已有文献分析来看，当前的研究定性研究多，缺乏对农业对外合作影响的系统研究，多数研究以规范性的定性研究为主，缺乏过程机制的理论研究和数据分析的实证研究；对农业对外合作单项支持政策研究多，缺乏系统全面支持政策的梳理分析；对单个或多个企业案例研究多，缺乏对企业对外合作模式的总结归纳；相关分析还不够系统、深入和全面。因此，本项目拟在影响因素、政策作用的理论机制分析、政策结果的实证分析等方面展开研究。

# 1.3 研究目标及内容

## 1.3.1 研究目标

本书紧扣农业企业对外合作制度设计与政策选择，利用现有数据库和实地调查案例开展规范的实证研究。同时，注重理论与实践相结合，强化决策参考价值，突出研究的现实应用性。通过研究，主要达到以下研究目标：

（1）系统回顾改革开放 40 年来中国农业对外合作发展历程、取得的经验及存在的问题；

（2）提炼分析农业对外合作模式，梳理分析支持农业对外合作政策，并对政策效果进行评估；

（3）构建影响农业对外合作理论分析框架，梳理影响农业对外合作关键因素，并进行实证分析；

（4）构建农业对外合作制度设计及政策配套体系。

## 1.3.2 总体框架和主要研究内容

**（1）内容 1：中国农业对外合作发展历程及现状。**具体内容包括：一是回顾中国农业对外合作发展历程，分析各阶段的特点；二是基于商务部对外投资公报、农业农村部对外农业投资合作报告及典型地区调研总结"一带一路"沿线农业对外合作企业规模特征、区位行业特征以及投资模式特征，总结提炼出各地农业对外合作过程中形成的成功模式及经验；三是分析加入世界贸易组织（WTO）以来，农产品贸易、农业利用外资及农业对外直接投资及合作进展情况，找出农业对外合作过程中存在的突出问题。

**（2）内容 2：中国农业国际合作支持政策运行机制研究。**具体内容包括：一是农业国际合作扶持政策演进。梳理 2006 年以来，国家各职能部门促进农业国际合作的政策；并对地方的农业国际合作支持政策进行归纳，讨论地方政策的特点、优势和不足。在对相关方面政策做一个系统的梳理的基础上，说明政策产生背景、政策执行过程和出现问题，厘清政策之间的关系。二是农业国际合作支持政策效果评价。采用主观和客观相结合的方法，对政策进行评价。

**（3）内容 3：中国农业对外合作影响因素实证研究。**具体内容包括：搭建农业对外合作影响因素分析框架，梳理农业对外合作企业面临的影响因素，归纳农业企业对外合作的主要影响因素及作用机理，基于农业对外合作企业的面板数据，分别运用普通最小二乘法、弱工具变量更不敏感的有限信息最大释然法（LIML）及差分矩估计方法（GMM）对影响农业对外合作的主要因素进行实证研究。

（4）**内容4：农业对外合作对农业产业结构影响实证研究。**具体内容包括：一是分析农业对外直接投资对产业结构的影响机理，主要分资源导向型、市场导向型、效率导向型、战略资产导向型、出口导向型、信息导向型及供应链导向型。二是实证分析农业对外合作对国内产业结构的影响，分别包括对第一产业、第二产业及第三产业的影响。三是分析农业国际贸易及农业国际援助对产业结构的影响。

（5）**内容5：典型国家农业对外合作及不同类型企业经验教训借鉴。**具体内容包括：一是从国家层面总结、分析日本、韩国支持农业对外合作的具体做法，通过横向比较，总结出可以借鉴的经验。二是从企业层面分析中国不同类型走出去企业的经营实践，总结出典型企业对农业对外合作的启示。

（6）**内容6：新时代中国农业对外合作展望与政策设计。**具体内容包括：一是在分析农业国际合作挑战的基础上，判断未来农业国际合作趋势。基于本课题的调查研究和国外经验，构建涉农企业对外合作风险防范机制；二是对支持农业国际合作的财政、金融、保险、外汇、税收、进出口、检验检疫、国有企业、对外经贸及支持服务体系建设等一揽子政策进行完善，对开展农业国际合作的典型模式进行归纳提炼，提出优化农业国际合作政策的具体建议。

## 1.3.3　研究难点

本书界定的农业对外合作是指在国际政治经济的大背景下，把农业产业链条置身于世界经济之中，融入国际分工，参与国际经济循环，实现资本、技术、劳动力、资源、信息等生产要素国际范围内优化配置的过程。农业对外合作的影响因素以及支持政策的梳理和评价是研究的重点，也是难点。本书重点研究农业对外直接投资、农产品贸易和农业对外援助三个领域。难点一是基于经典经济学理论，归纳提炼出影响农业对外直接投资、农产品贸易及农业对外援助的关键影响因素；难点二是基于计量分析找出影响机理并进行实证研究；难点三是系统总结国内企业对外直接投资成功模式和典型国家农业对外合作的经验与借鉴。

# 1.4 研究思路及方法

## 1.4.1 研究思路

立足于"一带一路"倡议、构建开放型经济新体制、推进农业供给侧结构性改革、乡村振兴的新时代背景，着眼于统筹国内、国际两个市场和两种资源，提升企业全球配置资源能力，提高农业国际竞争力等多元化政策目标的协调和动态均衡，广泛吸收并利用经济学、社会学、管理学等多学科科研成果和研究方法，以有效促进农业对外合作为目标，深入分析农业对外合作的影响因素，研究农业对外合作政策的空白区，拓展发展中国家农业对外合作理论，构建科学合理的政策支持体系，有效促进农业对外合作。

课题技术路线图如图 1-1 所示：

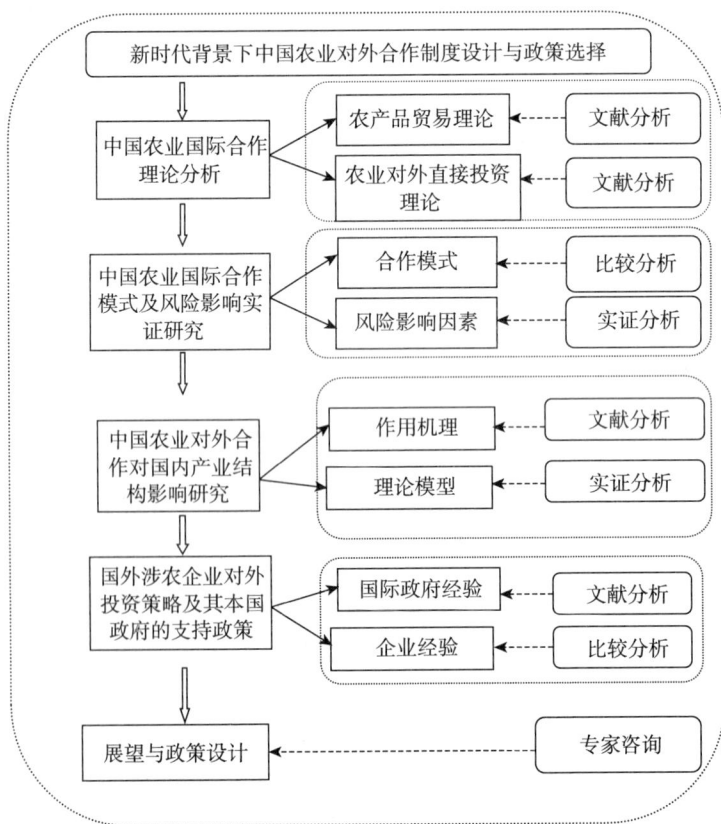

图 1-1　课题技术路线图

## 1.4.2　研究方法

作为基于现实背景和实证分析基础上的应用研究，课题将以马克思主义的历史唯物主义观、辩证唯物主义观和科学发展观为指导，多种研究方法相结合进行研究。重点运用以下几种方法：

**（1）调查研究方法。**①收集各类相关数据、文字和图像资料等。②问卷调研和案例调研。采用多阶段分层随机抽样的方法确定样本区域，农业企业对外合作情况、主要问题、政策诉求等，掌握一手数据。同时，实地调研搜集典型案例。

**（2）比较分析。**主要用于不同地区农业对外合作模式比较。通过调研总结出不同区域农业对外合作模式，归纳不同模式利弊。

**（3）利益相关者分析**（Stakeholder Analysis）。用于分析利益相关的所有个人（和组织）对农业"走出去"政策的满意度，有助于完善农业"走出去"政策体系。主要采用问卷调查（明尼苏达满意度量表，简称 MSQ）、观察法、关键人物访谈等方法。

**（4）计量经济学方法。**运用主成分分析法、普通最小二乘法、弱工具变量更不敏感的有限信息最大释然法（LIML）对静态面板数据进行计量分析，运用系统差分矩估计方法（GMM），对动态面板数据模型进行实证分析。

# 2  中国农业对外合作发展历程及现状

农业对外合作是经济全球化的重要体现，它是指一国或地区农业产业链条置身世界经济之中，融入国际分工，参与国际经济循环，实现资本、技术、劳动力、资源、信息等生产要素国际范围内的优化配置，促使一个国家或者地区农业经济走向世界并同世界经济融为一体的过程，实质是世界范围内的农业社会化。其内容主要包括农业生产国际化、农产品贸易、农业投资与技术合作以及与此相关的政策、规则、体制、技术、标准的制定等。

## 2.1  农业对外合作发展历程

改革开放 40 年来，中国农业在不断融入世界农业经济体系的进程中，农产品贸易经历了从贸易顺差到贸易逆差常态化，从利用外资到对外投资和利用外资并重的两大转变，大体历经了三个重要阶段。

一是农业对外合作的酝酿期（1978—1992 年），这个阶段主要以"引进来"为主，"走出去"从单一的援助形式逐渐转变为探索性的开展农业对外直接投资。1978 年，党的十一届三中全会决定把全党的工作重点转移到社会主义现代化建设上来，中国经济发展战略调整为农、轻、重协调发展，农业领域统购统销的贸易管制制度逐渐调整为定购和超购。贸易管制范围的缩小使市场机制日益成为农业资源配置的主要手段。在准确把握世界"和平与发展"两大主题的基础上，党中央提出"引进来"的开放战略，使得中国经济开始融入世界经济发展大潮中。1979 年 8 月，国务院颁布了《关于经济改革的十五项措施》，第一次把出国办企业、发展对外投资作为国家政策。《1980 年经济计划的安排（草案）》提出，"从闭关自守或半闭关自守状态，转为积极地引进国外先进技术，利用外国资金"。同年，对外经济贸易部和国家外汇管理局分别制定了在境外开办非贸易性企业审批办法和外汇管理规定。1986 年，国务院成立了以副总理为首、由 13 个部委官员组成的外国投资领导小组，将吸引外商投资作为工作重点。改革开放以前，中国主要通过在外援建农场、试验站、生物制药厂等农业设施、对外提供设备和技术支持、接受受援国人员在中国实习和培训等方式，进行农业对外援助，实现农业跨境交流。改革开放后中国对外援助工作的范围持续扩大，由蒙古国、越南和非洲等地进一步延伸到拉美地区和南太平洋地区。截至 1992 年，中国农业对外援助覆盖全球 69 个国家，累计派出农业技术人员多达 1.7 万人。1985 年，中国第一支远洋船队启航开赴西非海岸，开辟了中国与几内亚比绍、塞内加尔、塞拉利昂等国的渔业合作，揭开了中国远洋渔业历史的第一页，开启了中国农业"走出去"的新篇章。该阶段农业对外合作处于利用外资的复苏和调整阶段，基本制度取向是有节奏逐渐放开外国投资，逐步拓宽对外援助范围，并试探性地实施"走出去"。

二是农业对外合作提档增速期（1992—2001 年），农业对外合作由过去的主要强调"引进来"转变为"引进来"与"走出去"同步进行。邓小平同志视察南方谈话后，中国进入改革开放深化期，党的十四大报告提出"进一步扩大对外开放，更好地利用国外资金、资源、技术和管理经验。积极开拓国际市场，促进对外贸易多元化，发展外向型经济"。党的十四届三中全会审议并通过了《中共中央关于建立社会主义市场经济体制若干问题的决定》，社会主义市场经济体制初步确立，对外贸易政策进行深入调整，在吸引外资、扩大出口的同时，提出充分利用国际和国内两个市场、两种资源，优化资源配置。赋予具备条件的生产和科技企业对外经营权，发展一批国际化、实业化、集团化的综合贸易公司。积极扩大中国企业的对外投资和跨国经营。1995 年发布了《外商投资产业指导目录》第一版，农业利用外商直接投资在有章可循的路径上稳步发展，"引进来"的规模与内容不断扩大。1996 年江泽民同志在河北唐山考察时提出："要加紧研究国有企业如何有重点有组织地走出去，做好利用国际市场和国外资源这篇大文章。"在国家层面"走出去"战略作为一个指导思想首次提出。2000 年党的十五届五中全会审议并通过了"十五"计划建议，首次明确提出实施"走出去"战略，努力在利用国内外两个市场、两种资源方面有新的突破。2001 年加入 WTO，中国做出了有关农产品市场准入的让步和承诺，农业保护手段主要限于关税和关税配额。该阶段农业对外合作处于提档增速期，中国农业同世界经济的关联度日益增强，逐步融入到世界农业贸易自由化进程中。农业的对外经济贸易政策，由过去的主要强调"引进来"逐步转变为"引进来"与"走出去"同步进行。

三是农业对外合作全面发展期（2002 年至今），农业对外合作开始从理论研究变成政策推进，从地方和企业自发实践上升到党的意志和基本国策。2002

年，党的十六大报告提出"要合理利用两个市场，两种资源，全面提高对外开放水平"。2006 年，商务部、农业部和财政部联合发布了《关于加快实施农业"走出去"战略的若干意见》，成立了由 10 个部门组成的农业走出去工作部际协调领导小组，在国家层面正式确立了农业"走出去"战略。为引导和扶持国内优秀的农业企业走出去，实现农业援助项目的可持续发展，2006 年商务部、农业部研究设计了示范中心这一新型农业合作模式，加大农业对外援助。从 2006 年开始，中央财政在外经贸发展专项资金中安排中外资合作事项，采取资本金投入、贷款贴息、保费补助等方式引导涉农企业开展境外投资业务。2007 年，党的十七大提出把"引进来"和"走出去"更好地结合起来，形成经济全球化条件下参与国际经济合作和竞争新优势。2008 年 10 月，党的十七届三中全会决定扩大农业对外开放，提高统筹利用国际国内两个市场、两种资源能力，拓展农业对外开放广度和深度。从 2010 年起，特别是党的十八大以来，党中央和国务院对农业统筹利用两个市场、两种资源进行部署，顶层设计初见端倪。为了促进农业对外合作，加快培育中国农业国际竞争新优势，国务院决定由农业部牵头组建新的农业对外合作新机制，2013 年 12 月农业部牵头组建由 21 家单位组成的农业对外合作部际联席会议制度。在此制度框架下，初步构建起了新时期支持农业对外合作的顶层设计。2015 年开展了农业"走出去"企业保费补贴、农机购置补贴境外延伸、贷款贴息项目试点工作。2016 年 4 月出台了《国务院办公厅关于促进农业对外合作的若干意见》，在国家层面制定了农业对外合作的指导性、政策性文件。2017 年，农业部、国家发展和改革委员会、商务部共同印发了《农业对外合作"十三五"规划》，为推动农业对外合作制定了路线图。2017 年 5 月，在"一带一路"国际高峰论坛期间，农业部、国家发展和改革委员会、商务部、外交部联合对外发布《共同推进"一带一路"建设农业合作的愿景与行动》，提出在"一带一路"框架下与沿线各国及相关国际组织等开展深度农业合作、实现双赢多赢的中国方案。该阶段农业对外合作更加注重"引进来"和"走出去"的质量和成效，农业对外合作开始从理论研究变成政策推进，从地方和企业自发实践上升到党的意志和基本国策。

## 2.2 改革开放 40 年来中国农业对外合作发展成就

随着改革开放的深入推进，中国农业对外合作成效显著。一是农产品贸易成效显著;二是农业对外直接投资发展势头良好;三是农业"引进来"的质量和成效日益提升;四是农业技术交流合作内容日益丰富,农业对外合作机制逐步建立;五是积极参与国际投资规则制定,粮农治理能力逐渐增强。

## 2.2.1  农产品贸易成效显著

改革开放 40 年来,特别是加入 WTO 以来中国农业对外开放水平不断提高,农产品贸易发生了巨大变化。一是农产品贸易规模快速增长,农产品国际贸易地位显著提升。1995—2017 年,中国农产品贸易总额由 268.7 亿美元增加到 2 013.9 亿美元,年均增长 9.6%;其中进口额由 121.8 亿美元增长到 1 258.6 亿美元,年均增长 11.2%;出口额由 146.9 亿美元增长到 755.3 亿美元,年均增长 7.7%。自 2004 年开始,农产品贸易由顺差转为逆差,逆差不断扩大,2013 年最高达 510 亿美元,之后因国际农产品市场价格下跌,逆差略有下降,但仍保持在 385 亿美元以上规模。按耕地播种面积当量计算,2016 年和 2017 年粮棉油糖肉奶进口相当于 10 亿亩*以上耕地播种面积的产出,相当于国内作物总播种面积 40%。根据 WTO 统计,改革开放初中国农产品出口额占全球出口贸易额的 1.6%,居全世界第 15 位。加入 WTO 后,中国农产品出口额占全球的 3%,位居全世界第 11 位,中国农产品进口额占全球的 3.4%,位居全世界第 8 位,进口额占全球进口贸易额的 2.2%,位居全世界第 9 位。截至 2016 年底,中国农产品出口额及进口额占全球出口额及进口额的比重分别为 4.8% 和 9.7%,世界排位分别跃居到第 5 位和第 2 位。

二是农产品贸易结构明显优化,农产品贸易多元化格局逐步形成。在现有农业资源禀赋条件下,人多地少水缺、人增地减水紧的国情决定了中国土地密集型农产品明显缺乏比较优势,而在劳动密集型产品上具有较强国际竞争力。改革开放以来,在国家粮食安全战略指引下,中国不断提升统筹利用国内国际两个市场两种资源的能力,进口了大量的大豆和棉花等土地密集型农产品,缓解了农业生产对资源和环境的压力,同时,出口了水产品、蔬菜、水果等劳动密集型农产品,拓宽了农民增收渠道。随着"一带一路"倡议的深入推进,中国对周边传统贸易伙伴的出口比例下降,对新兴伙伴的出口比例上升,农产品进口也逐渐多元化。加入 WTO 以来,中国对周边日本、韩国农产品出口市场份额由 2001 年的 26% 降低到 2017 年的 20%,对东盟的新兴市场农产品出口

---

\*  亩为非法定计量单位,1 亩＝1/15 公顷。

份额则由 2001 年的 8% 上升到 2017 年的 21%。农产品进口来源地也日益广泛，除传统美洲市场外，中国农产品进口来源地也已扩大到其他大洲的 179 个国家和地区。

## 2.2.2 农业对外直接投资发展势头良好

改革开放以来，中国农业企业试探着走出去，尤其是"一带一路"倡议提出后，企业开展农业对外合作的积极性和主动性增加，农业对外直接投资规模逐步增大，中国已逐步形成了行业类别齐全、重点区域突出、投资主体多元的农业对外合作格局，投资领域覆盖农业产业链产前、产中、产后等各环节。

一是农业对外直接投资规模逐年增加。2004—2017 年，中国农林牧副渔对外直接投资的存量从 8.3 亿美元增长到 165.6 亿美元，年均增长率 25.9%。流量则从 2004 年的 2.9 亿美元增长到 2017 年的 25.1 亿美元，年均增长率 18.1%。

表 2-1　农业对外直接投资情况

单位：亿美元,%

| 年份 | 对外投资流量 | 农业对外直接投资流量 | 农业占比 | 对外直接投资存量 | 农业对外直接投资存量 | 存量占比 |
|---|---|---|---|---|---|---|
| 2004 | 55.0 | 2.9 | 5.25 | 447.8 | 8.3 | 1.86 |
| 2005 | 122.6 | 1.1 | 0.86 | 572.1 | 5.1 | 0.89 |
| 2006 | 211.6 | 1.9 | 0.87 | 750.3 | 8.2 | 1.09 |
| 2007 | 265.1 | 2.7 | 1.03 | 1 179.1 | 12.1 | 1.02 |
| 2008 | 559.1 | 1.7 | 0.31 | 1 839.7 | 14.7 | 0.80 |
| 2009 | 565.3 | 3.4 | 0.61 | 2 457.6 | 20.3 | 0.83 |
| 2010 | 688.1 | 5.3 | 0.78 | 3 172.1 | 26.1 | 0.82 |
| 2011 | 746.5 | 8.0 | 1.07 | 4 247.8 | 34.2 | 0.80 |
| 2012 | 878.0 | 14.6 | 1.66 | 5 319.4 | 49.6 | 0.93 |
| 2013 | 1 078.4 | 18.1 | 1.68 | 6 604.8 | 71.8 | 1.09 |
| 2014 | 1 231.2 | 20.4 | 1.65 | 8 826.4 | 96.9 | 1.10 |
| 2015 | 1 456.7 | 25.7 | 1.77 | 10 978.6 | 114.8 | 1.05 |
| 2016 | 1 961.5 | 32.9 | 1.68 | 13 573.9 | 148.9 | 1.10 |
| 2017 | 1 582.9 | 25.1 | 1.60 | 18 090.4 | 165.6 | 0.90 |

数据来源：《中国统计年鉴》。

二是农业对外直接投资方式趋于多元化。企业开始更加注重以褐地投资的形式，即并购或者收购的形式参与海外农业生产活动。在经历全球次贷危机和粮食危机后，国外许多大型公司受到冲击估值变低，国内一些资金实力雄厚的企业积极通过并购、股权投资等形式参与跨国农业投资合作。据不完全统计，2010 年到 2016 年中国涉农海外并购高达 187.6 亿美元，除传统的资本巨头高盛、摩根士丹利进行涉农资金的运作，私募股权资金进行海外农业投资大量涌现。对外涉农金融类的中方控制力仍然较强，2006 年到 2016 年的 54 起有详细记载的海外并购中，农业领域的并购，中方控股份额平均高达 68%，高出全行业平均值 19 个百分点，显示出中国在农业并购的控制权高于其他行业。

三是对外农业直接投资的区域分布显著，投资区域逐步向"一带一路"沿线国家聚集。中国农业企业对外直接投资（ODI）的区位选择首选是亚洲，其次是欧洲、非洲、大洋洲和南美洲，北美洲投资相对较少。2016 年中国农业对外投资中，亚洲占比 55.2%，大洋洲占比 14.5%，欧洲占比 17.4%，非洲占比 8.1%，南美洲占比 3.5%，北美洲占比 1.3%。从国家（地区）来看，新加坡、新西兰、俄罗斯、澳大利亚等国是主要目标地区。其中，对新加坡投资 7.7 亿美元，占比 23.5%；对新西兰投资 4.5 亿美元，占比 13.6%。中国在"一带一路"沿线国家建立的境外农业企业占中国境外农业企业总数的 54.5%。从投资规模看，中国企业对"一带一路"沿线区域的农业累计投资额为 68.6 亿美元，占中国企业对外直接投资存量总额的 52.9%。中国企业在"一带一路"区域农业投资较为集中，在新加坡、俄罗斯、印度尼西亚、柬埔寨、老挝、缅甸和泰国这七个国家的投资存量占"一带一路"区域投资总量的 91.4%，企业个数占比 77.6%。截至 2016 年年底，中国已同沿线 48 个国家签署 101 个农业合作协议，400 余家农业企业在"一带一路"沿线 31 个国家和地区开展了农业重点项目投资，建设重点项目 258 个，接近占全部重点项目数量的 50%，累计投资金额近 100 亿美元，占全部投资金额的 37%。其中，中粮集团全资收购来宝农业和尼德拉农业，"十三五"期间将在沿线国家新增投资 100 亿元引人瞩目。

## 2.2.3 农业"引进来"的质量和成效日益提升

农业生产周期长、风险大，农业领域投资不足是世界许多国家尤其是广大发展中国家面临的共同难题，积极吸引和利用外资是各国和各地区促进农业经济发展、产业升级的重要举措。通过实施一批重大项目，中国加强在绿色农业、有机农业、食品营养等方面的合作，引进了大量的农业种质资源、技术和农机装备、管理经验和智力资源，缩小了中国农业科技与国际先进水平的差距，提高了农业生产效益。

一是农业利用外资规模增加。农业实际利用外资金额由 1997 年的 6.28 亿美元增加到 2017 年的 10.8 亿美元，年均增长 3.4%。而农业实际利用外资金额占总利用外资金额的比例却由 1997 年的 1.39% 下降到 2016 年的 0.79%。1997—2017 年，外商投资农业企业数由 814 个下降到 706 个，外商投资农业企业数占外商投资总企业数的比重由 3.88% 下降到 1.98%。加入 WTO 以来，农业利用外资占比远低于农业产值对 GDP 的贡献率。农业利用外资规模与农业利用外资占比变化趋势一致，2002—2006 年逐年减少，2006—2012 年逐年上升，2012—2015 年又呈现出下降的趋势，但总体而言利用外资规模较开放之初有所增加，外资占比较开放之初有所下降。2017 年农业利用外资总量为 10.8 亿美元，仅占利用外资总规模的 0.79%，与同期 7.9% 的第一产业增加值占比以及 4.8% 的第一产业对 GDP 的贡献率不成正比。

二是农业利用外资的领域和范围在不断拓宽。现已涉及农、林、牧、渔等各行业，涵盖的区域性的农业综合开发、水利灌溉、土壤改良、农产品加工、粮食流通等几十个领域。外商直接投资的重点领域主要集中在引进优良种植品种、畜牧业养殖与加工和农产品深加工等方面。对农业技术研发、农业生物制品生产、农产品品种改良等高技术含量和高附加值的项目投资也在增加。中国农业累计兴办利用外商直接投资（FDI）的项目 12 609 个，合同金额达到 214.3 亿美元，平均每个合同的金额由 2005 年 67.9 万美元，上升到 2017 年 251.9 万美元，但与总体 FDI 平均每个合同金额 475.1 万美元相比，差距依然较大。2017 年外商投资到农业产业领域的企业数量为 706 家，同比增长 26.5%，实际投资金额 10.8 亿美元，同比下降 43.4%。按农林牧渔业分类，农业企业数 451 个，实际利用外资 3.5 亿美元，其中谷物种植企业 23 家，实际利用外资 0.40 亿美元；林业企业数 23 家，实际使用外资 0.3 亿美元；畜牧业企业数 40 家，实际利用外资 3.8 亿美元；渔业企业数 65 家，实际利用外资 0.3 亿美元。2016 年外商直接投资农副产品加工企业 131 家，实际投资金额 5.0 亿美元。其中，其他谷物磨制 4 家，实际利用外资 0.1 亿美元；屠宰及肉类加工企业 20 家，实际利用外资 0.7 亿美元；水产品加工企业 38 家，实际利用外资 0.8 亿美元[①]。

---

① 数据来源：商务部外资统计《中国外资统计 2017》。

表 2-2　中国农业利用外资情况

| 年份 | 农业实际利用外资金额（亿美元） | 实际使用外资金额（亿美元） | 农业企业总数（家） | 企业总数（家） | 农业利用外资占比（%） | 农业企业数占比（%） |
|---|---|---|---|---|---|---|
| 1997 | 6.28 | 452.57 | 814 | 21 001 | 1.39 | 3.88 |
| 1998 | 6.24 | 454.63 | 876 | 19 799 | 1.37 | 4.42 |
| 1999 | 7.10 | 403.19 | 762 | 16 918 | 1.76 | 4.50 |
| 2000 | 6.76 | 407.15 | 821 | 22 347 | 1.66 | 3.67 |
| 2001 | 8.99 | 468.78 | 887 | 26 140 | 1.92 | 3.39 |
| 2002 | 10.28 | 527.43 | 975 | 34 171 | 1.95 | 2.85 |
| 2003 | 10.01 | 535.05 | 1 116 | 41 081 | 1.87 | 2.72 |
| 2004 | — | 606.30 | — | 43 664 | — | — |
| 2005 | 7.18 | 603.25 | 1 058 | 44 019 | 1.19 | 2.40 |
| 2006 | 5.99 | 630.21 | 951 | 41 496 | 0.95 | 2.29 |
| 2007 | 9.24 | 747.68 | 1 048 | 37 892 | 1.24 | 2.77 |
| 2008 | 11.91 | 923.95 | 917 | 27 537 | 1.29 | 3.33 |
| 2009 | 14.29 | 900.33 | 896 | 23 442 | 1.59 | 3.82 |
| 2010 | 19.12 | 1 057.35 | 929 | 27 420 | 1.81 | 3.39 |
| 2011 | 20.09 | 1 160.11 | 865 | 27 717 | 1.73 | 3.12 |
| 2012 | 20.62 | 1 117.16 | 882 | 24 934 | 1.85 | 3.54 |
| 2013 | 18.00 | 1 175.86 | 757 | 22 819 | 1.53 | 3.32 |
| 2014 | 15.22 | 1 195.62 | 719 | 23 794 | 1.27 | 3.02 |
| 2015 | 15.34 | 1 262.67 | 609 | 26 584 | 1.21 | 2.29 |
| 2016 | 18.98 | 1 260.01 | 558 | 27 908 | 1.51 | 2.00 |
| 2017 | 10.80 | 1 363.20 | 706 | 35 662 | 0.79 | 1.98 |

注：从 2001 年起，外商投资合同金额和实际使用外资额均不包括对外借款。从 2007 年起商务部不再对外公布外资合同金额数据。数据由商务部提供。

## 2.2.4　农业技术交流合作内容日益丰富，农业对外合作机制逐步建立

国际经验表明，科技先行是发达国家促进农业对外合作的普遍做法，也是培育国际竞争优势的主要手段。改革开放以来，中国已与一些发达国家签署了若干个农业科技合作协议，并与美国、日本等国分别成立了科技合作混合委员会或农业科技合作工作组。还与澳大利亚、丹麦、新西兰、比利时等 90 多个国家和地区开展农业技术交流与合作活动。中国已在亚洲、非洲、拉丁美洲、

太平洋的 100 多个国家和地区，建立农业技术示范中心、农业技术试验站和推广站。在育种、植物保护、畜牧医药、农用机械等领域，联合亚非国家的优势农业科研机构加强合作研究，共同攻关形成适应当地环境的新技术和新产品。先后派遣万余名农业专家和技术人员帮助东道国培养了大批农业科技人员。随着改革开放的深入推进，中国与其他国家的农业经贸合作深度交融，农业对外合作机制逐步建立。农业合作成为国家领导人外交活动的优先和重点议题，习近平主席访问阿根廷、古巴、哥斯达黎加、荷兰、美国、英国等国时，农业外交、农庄外交成为一大亮点。构建双边农业合作交流平台，举办中非、中国-东盟、中俄、中波等农业合作论坛，促进双边农业交流合作。中国已与全球 150 多个国家和地区建立了长期稳定的农业合作关系，与 70 多个国家成立了农业合作联合委员会或工作组，形成了中国、日本、韩国、东盟（10+3）农业合作，上海合作组织农业合作，"一带一路"倡议下农业合作，南南农业合作等长效机制。

## 【专栏 2-1】　　农业科技已成功走出国门

为响应"一带一路"倡议，中国农业科学院充分发挥国家级农业科技平台优势，积极推动农业科技走出去，并取得显著成效。截至 2018 年 4 月，中国农业科学院已与"一带一路"沿线 23 个国家建有科技合作关系，育种、植物保护、畜牧医药、农用机械等领域的 61 项新技术和新产品走向了全球 150 多个国家：一是绿色超级稻为保障粮食安全做出积极贡献。利用绿色超级稻分子育种技术，为亚非目标国家和地区培育第二代绿色超级常规稻和杂交稻。在亚非目标国家和地区共有 38 个绿色超级常规稻和 26 个杂交稻通过品种审定。绿色超级稻品种同当地品种相比普遍增产 20％～30％。另外，在目标国家和地区参加区试的绿色超级稻品种有 128 个，其中东南亚 96 个、非洲 32 个。预计未来将有一大批超级稻品种通过审定并推广种植。绿色超级稻在亚非目标国家和地区的推广总面积达到 215 万公顷，其中非洲 45 万公顷，东南亚 170 万公顷，预计农民增收 5.46 亿美元。二是"中棉系列"棉花新品种助力中亚农民增产增收。通过在吉尔吉斯斯坦建立中吉棉花科技园区、在塔吉克斯坦建立中棉银海科技有限公司等方式，在当地推广"中棉系列"品种和配套栽培技术。目前，"中棉系列"品种已通过吉尔吉斯斯坦审定，成为当地主栽品种，推广面积超过 15 万亩，有效提高棉花单产 60％以上。此外，通过与国内企业合作，成功将棉花新品种向苏丹和坦桑尼亚等非洲国家推广。三是生物防治产品开启海外市场新航道。针对缅甸和老挝农业现状建立起以生物防治为主的水稻、玉米害虫综合治理技术体系，各建设 14 个赤眼蜂大规模生产基地，具备为 5 万亩水稻及玉米供应赤眼蜂卡的能力，累计推广示范水稻、玉米综合治理技术各 10 万余亩。与美国爱利思达生命科学公司（ALS 公司）成功签署植物免疫蛋白质生物农药（阿泰灵）海外代理战略合作协议，获得 1 000 万元人民币全球代理费，正式开辟生物农药海外市场。四是动物疫苗开拓海外市场效果显著。利用埃及高致病性 H5N1 禽流感病毒毒株，研制了针对埃及特异性毒株的灭活疫苗（Egy/PR8-1 株），效果显著优于埃及原有疫苗。该疫苗自 2010 年起成功投放埃及市场，已累计出口近 5.7 亿多羽份，创汇金额约 627 万美元。高致病禽流感疫苗已稳定出口埃及和东南亚等国家和地区。

## 【专栏 2-2】　共同推进"一带一路"建设农业合作机制

为保障"一带一路"建设农业合作顺利实施，沿线国家应携起手来，以现有合作机制为基础，不断完善和创新方式，促进"一带一路"农业合作蓬勃发展。

加强政府间双边合作。开展多层次、多渠道沟通磋商，推动双边关系全面发展，为农业合作提供有力保障。在"一带一路"建设政府间谅解备忘录下推动签署农业合作备忘录或编制农业合作规划。充分发挥现有双边高层合作机制作用，推动更多沿线国家和地区以及相关国际和地区组织建立高水平、常态化农业合作机制。强化政府间条法磋商，加快商签"一带一路"沿线双边投资贸易协定，加强政府间交流协调，加强投资保护、金融、税收、通关、检验检疫、人员往来等方面合作，促进企业实践与政府服务有效对接，为开展"一带一路"农业国际合作创造更佳环境、争取更好条件。

强化多边合作机制作用。深化与国际机构的交流与合作，充分利用二十国集团、亚太经合组织、上海合作组织、联合国亚太经社会、亚洲合作对话、阿拉伯国家联盟、中国-东盟、澜沧江-湄公河合作等现有涉农多边机制，深化与世界贸易组织、联合国粮食及农业组织、世界动物卫生组织、国际植物保护组织、国际农业发展基金、联合国世界粮食计划署、国际农业研究磋商组织等交流合作，加强与世界银行、亚洲开发银行、金砖国家新开发银行、亚洲基础设施投资银行、丝路基金合作，探索利用全球及区域开发性金融机构创新农业国际合作的金融服务模式，积极营造开放包容、公平竞争、互利共赢的农业国际合作环境。

发挥重大会议论坛平台作用。充分利用中非合作论坛、博鳌亚洲论坛、

"10＋3"粮食安全圆桌会议、中国-东盟博览会、中国-南亚博览会、中国-亚欧博览会、中国-中东欧经贸论坛、中国-中东欧进出境动植物检疫暨农产品质量安全合作论坛、中国-阿拉伯博览会等重大会议论坛平台，加强"一带一路"农业合作交流。在"一带一路"国际合作高峰论坛框架下，逐步建立"一带一路"农业合作对话机制、农业规划研究交流平台，依托"一带一路"网站建立农业资源、产业、技术、政策等信息共享平台。

共建境外农业合作园区。推动沿线国家企业合作共建农业产业园区，形成产业集群和平台带动效应，降低农业合作成本，增强风险防范能力。引导和支持企业参与农业合作园区建设和运营，围绕种植、养殖、深加工、农产品物流等领域加强基础设施建设，优化农业产业链条，为实现经济走廊和海上通道互联互通提供支撑。结合"一带一路"沿线国家的意愿和基础条件，共建一批农业合作示范区，构建"一带一路"农业合作的新载体和新样板。

### 2.2.5　积极参与国际投资规则制定，粮农治理能力逐渐增强

改革开放以来，中国积极参与国际投资规则制定，除双边投资保护协定外，还积极参与自由贸易协定、区域一体化以及多边协定制定。根据联合国贸易与发展会议编写的《2017世界投资报告》，目前构成国际投资法律体系的各类国际投资协定已达7 000多个，过去几年里平均每周至少有3个这样的协定签署。这类协定已经成为各种国际规制制订中数量增长最快的规制。中国积极适应这样的发展形势，逐步扩大国际投资协定网络的范围，不断提升国际投资协定的作用，为"引进来"和"走出去"创造良好的制度环境。

**(1) 双边投资保护协定。**自1982年3月开始，截至2017年1月中国已经签订了117个双边投资保护协定，涉及104个国家，其中绝大部分是在1982—1998年签订的，已与德国、法国、比利时、卢森堡、芬兰、荷兰、瑞士、斯洛伐克、葡萄牙、西班牙、乌兹别克斯坦、韩国、尼日利亚、古巴等14个国家重新签订了双边保护协定。在中国加入世界贸易组织前后，双边投资协定的谈判停止。2003年后，中国开始商谈或重新修订某些先前签订的双边投资协定。与1998年前的双边投资协定相比，新一代协定有了许多新的变化，更加适应新的国际投资规则以及中国新时期的对外经济贸易政策。

**(2) 自由贸易协定。**目前，中国已经与东盟、智利等24个国家和地区签署了16个自由贸易协定，其中同东盟、智利、新加坡分别签署了自由贸易区升级协定。中国是《亚太贸易协定》的成员之一，与中国香港、中国澳门签署

了《更紧密经贸关系安排》，与中国台湾签署了《海峡两岸经济合作框架协议》。2009 年 8 月，中国与东盟签署了《投资协议》，进一步促进双方投资便利化和逐步自由化。在中国与新西兰、中国与秘鲁的自由贸易协定中，也涉及了双向投资问题，承诺双方相互给予对方投资者及其投资准入后国民待遇、最惠国待遇和公平公正待遇。同时，中国与海合会、挪威、南部非洲关税同盟和巴拿马等国家和地区的 14 个自贸区谈判正在进行中，中国与哥伦比亚、斐济、尼泊尔、巴布亚新几内亚、加拿大和蒙古国等 8 个自由贸易区谈判正在研究中。

表 2-3　中国已签署协定的自贸区

| 国家或地区 | 协定名称 | 签订时间 | 实施时间 |
|---|---|---|---|
| 中国内地与中国香港、中国澳门 | 《关于建立更紧密经贸关系的安排》 | 2003—2006 年 | 2006 年 1 月 1 日 |
| 中国-东盟 | 《中国-东盟全面经济合作框架协议》《中国-东盟关于修订〈中国-东盟全面经济合作框架协议〉及项下部分协议的议定书》 | 2002 年 11 月 4 日 2015 年 11 月 22 日 | 2010 年全面建成 2018 年 11 月 14 日 |
| 中国-巴基斯坦 | 《中国-巴基斯坦自由贸易协定》 | 2006 年 11 月 18 日 | 2007 年 7 月 1 日 |
| 中国-智利 | 《中国-智利自由贸易协定》《中国-智利自由贸易协定升级议定书》 | 2005 年 11 月 18 日 2017 年 11 月 11 日 | 2006 年 10 月 1 日 待定 |
| 中国-新西兰 | 《中华人民共和国政府与新西兰政府自由贸易协定》 | 2008 年 4 月 7 日 | 2008 年 10 月 1 日 |
| 中国-新加坡 | 《中国-新加坡自由贸易协定》《中国-新加坡自由贸易协定升级议定书》 | 2008 年 10 月 23 日 2018 年 11 月 12 日 | 2009 年 1 月 1 日 |
| 中国-秘鲁 | 《中国-秘鲁自由贸易协定》 | 2009 年 4 月 28 日 | 2010 年 3 月 1 日 |
| 中国、孟加拉国、印度、老挝、韩国和斯里兰卡 | 《亚太贸易协定》 | 2005 年 11 月 2 日 | 2006 年 9 月 1 日 |
| 中国-哥斯达黎加 | 《中国-哥斯达黎加自由贸易协定》 | 2010 年 4 月 8 日 | 2011 年 8 月 1 日 |
| 中国-冰岛 | 《中国-冰岛自由贸易协定》 | 2013 年 4 月 15 日 | 2014 年 7 月 1 日 |
| 中国-瑞士 | 《中国-瑞士自由贸易协定》 | 2013 年 7 月 6 日 | 2014 年 7 月 1 日 |
| 中国-韩国 | 《中国-韩国自由贸易协定》 | 2015 年 6 月 1 日 | 2015 年 12 月 20 日 |
| 中国-澳大利亚 | 《中国-澳大利亚自由贸易协定》 | 2015 年 6 月 17 日 | 2015 年 12 月 20 日 |
| 中国-马尔代夫 | 《中国-马尔代夫自由贸易协定》 | 2017 年 12 月 7 日 | 待定 |
| 中国-格鲁吉亚 | 《中国-格鲁吉亚自由贸易协定》 | 2017 年 5 月 13 日 | 2018 年 1 月 1 日 |

资料来源：中国自由贸易区服务网，http://fta.mofcom.gov.cn/。

**(3) 避免双重征税等协定。** 截止到 2018 年 12 月底，中国已对外正式签署 107 个避免双重征税协定，其中 100 个协定已生效，同中国香港、中国澳门两个特别行政区签署了税收安排，与中国台湾签署了税收协定。

中国坚持均衡、互惠、共赢原则，反对贸易投资保护主义，积极参与全球粮农治理，大力推动全球粮农治理体系创新。持续巩固 G20 农业部长会议机制，呼吁主要国家改善全球农业投资环境，推动和扩大对发展中国家和地区的农业投资，实现投资方和东道国"双赢"。在全球性粮农议题上，主动提出新主张、新倡议和新行动方案，在国际粮农规则和标准制定中的话语权逐步增强。

## 2.3 新时代中国农业对外合作面临的挑战及问题

实践证明，农业对外合作是促进农业现代化的重要动力，在新时代仍将焕发出新的动能，但仍有诸多因素制约着农业对外合作深入推进。具体表现为：

一是外部投资不确定性增多，全球范围内争夺优质农业资源日益激烈。国际投资协定谈判中"准入后国民待遇＋正面清单"的传统规则将被"准入前国民待遇＋负面清单"的国际投资规则新体系取代，这将对中国农业开展农业对外合作带来影响。美欧等发达国家正在抢夺规则制定权，一些国家已经开始对外国资本投资农业加大限制力度。发达国家依托跨国公司的垄断力量，不断强化全球粮源、物流、贸易、加工、销售全产业链布局，对资源型、战略型等重要农产品市场的掌控力度加大，全球范围内对农业资源的争夺越来越激烈。近年来，境外各类自然、社会及政治等风险频发，以土地为主的资源保护主义在全球范围内越来越浓重，发达国家"黑天鹅"事件频发，从英国脱欧到特朗普上台，贸易保护主义和反全球化的潮流正在兴起。在发展中国家，农业对外合作则易受到东道国政权更迭、基础设施落后、投资法律保障不足、土地政策和经济政策不稳定等因素干扰。

二是农业对外合作的政策体系亟须完善，金融保险等服务水平有待提升。农业对外合作相关政策支持和公共服务还不健全，中国参与国际粮农事务及国际农业规则制定的深度不够，在国际粮食等大宗农产品贸易中缺少话语权和定价权。现阶段，海外农业投资信息发布、基础数据资料统计等公共服务缺失。政府对相关协会组织缺乏引导，海外投资协会、学会等服务型中介组织少。部分管理制度难以适应企业的要求，如对国企领导出境手续、时间、次数有严格限制，导致难以深入了解东道国情况和开展投资谈判，容易造成投资失误。中国驻外使馆中并未设立农业处，农业外交官人数少，难以为企业提供东道国的资源禀赋、法律法规、产业政策等国情信息；而对比于美国，美国农业部在全球部署了 102 个农业处，仅在中国大陆就有 1 个农业处和 5 个农产品贸易办公室。海外农业基地所需的种子、农药、化肥、农机等物资和设备办理出关手续烦琐。针对农业对外投资的补贴项目不多，仅包括前期费用、资源回运、人员人身意外伤害保险费用、外派劳务人员的适应性培训费用、境外突发事件处置费用、企业投保海外投资保险等 6 项，而且补贴金额不大。农业对外合作融资难等问题突出。国内金融机构对农业对外合作企业贷款条件要求较高、期限较短、利息还远远高于国外融资成本。很多发展中国家没有国内银行分支机构，境外企业在资金往来、业务结算、股利汇回等方面都存在较多困难。

三是农产品贸易话语权缺失，贸易管理体制亟待完善。中国作为世界上最大的农产品进口国，并没有取得与贸易地位相对应的话语权，巨大的购买力未能改变中国企业被动接受国际市场价格的尴尬局面。以大豆市场为例，少数几家跨国粮商掌握着美国、巴西和阿根廷等主产国大豆的收购、仓储和码头等设施，控制着全球 70% 的大豆货源，世界大豆贸易基本被跨国粮商垄断。2017年中国大豆进口 9 554 万吨，占世界贸易量的 65%，但中国参与大豆国际市场交易的企业在交易价格上话语权较弱，不得不接受不公平的定价机制。从全球大宗农产品基准价格看，定价权是由期货市场决定的，而国际期货市场基本分布在欧美等国外市场。目前，国际市场上几乎所有大宗农产品都已形成定价中心，如大豆、玉米、小麦的价格主要由芝加哥期货交易所确定，棉花价格形成于利物浦，天然橡胶定价权主要以日本价格为基准等。近年来，中国期货市场建设取得了一定进展，如大连成为芝加哥之外重要的玉米期货市场，郑州的小麦和棉花期货交易在一定程度上构建了"中国价格"，但距离全球定价中心的目标还有很长的路要走。农产品贸易管理体制亟待调整完善，特别是国营贸易配额使用、农业补贴"爆箱"问题面临更大压力。中国农业支持保护体系中很多政策都是属于 WTO 规则中的"黄箱"范畴，随着财政对农业支持的逐年增加，"黄箱"政策支持已经接近上限。2016 年，美国先后对中国大米、小麦、玉米市场价格支持、进口关税配额管理，两次向世贸组织提起诉讼，质疑中国农业补贴"爆箱"和国营贸易配额使用问题。在与国际接轨的过程中，农产品价格支持政策和国营贸易配额等政策的弊端将全面暴露，亟待通过改革和转型来适应国际国内统一市场的需要。完善农产品贸易管理体制，创新农业补贴机制是农业政策调整的紧迫性课题。

四是农业对外合作体制机制仍需优化，利用外资的质量效益亟须提升。当前，农业对外直接投资项目管理权限分布在多个行政部门，多头管理、沟通不畅等问题容易导致项目审批程序烦琐、耗时长、延误商机。同时，在政策制定中，有效的沟通协调机制尚未真正建立，部门间仍存在各自为战、缺乏有效沟通的现象，信息共享机制有待完善，涉农对外合作资金整合亟须提上日程。农业利用外资虽然取得积极进展，但农业利用外资相比其他行业仍较为滞后，农业利用外资总体规模较小，多数外资项目投资额小于 50 万美元。农业利用外资流向不合理，区域分布不平衡。东部地区因基础设施较完善，市场经济较为发达，成为外商投资的重点区域，而亟须资金、技术支持的中、西部地区，外商投资农业的比例相对较小。此外，农业利用外资的增加对企业自主创新能力提升、民族品牌保护，以及农业产业链各环节带来不利影响和风险。国内外资法律法规仍不完善，仍存在与国家对外开放大方向、大原则不相符的法律法规和条款。外商投资企业投诉机制尚未建立，准入前国民待遇加负面清单管理制度仍不健全。外商投资事前事中事后监管与服务体系有待强化，营商环境亟须优化。

五是农业对外合作企业内生动力亟须加强，企业国际竞争力有待提升。总体看，中国缺乏真正具有国际竞争力的大型农业企业集团，在全球农业产业链控制、物流和贸易渠道、品牌建设、产品分销等方面的国际竞争优势不强。首先是缺少复合型国际人才。由于企业开展对外投资要涉及国际经济、金融、法律和语言等领域，需要一支具有全球视野和国际化战略思维、熟悉国际投资规则、精通跨国投资经营管理和国际市场开拓、外语熟练的复合型人才队伍，中国企业这方面的储备还较为不足。其次开展对外投资的层次较低，没有从战略上建立农产品加工、仓储、物流和贸易一体化的全球农产品供应链。由于多数企业还没有建立起完整的自主技术研发和推广体系，企业在技术应用上成本较高且适应能力较差，农业对外直接投资项目主要集中在附加值不高、技术含量较低的劳动密集型行业和传统的生产环节，甚至很多企业开展对外合作的目的就是单纯种地。同时，企业间协作机制尚未建立。由于地缘和文化等因素，目前中国农业对外合作投资地点和领域高度集中。企业间缺乏沟通协作机制，投资存在一定的盲目性，缺乏核心竞争力和差异化竞争优势，开展对外合作的企业之间存在无序发展、恶性竞争的状况，大大增加了企业海外投资成本和投资风险，也影响到中国企业在国际市场的形象和地位。此外，企业开展农业对外合作需要面对不同的投资环境、政策法规、社会文化，容易受到东道国贸易保护、政治动荡、自然条件、法律制裁、劳资纠纷等不利影响，多数企业尚未构建起有效的农业对外合作风险防范机制。

六是农业对外合作的思想亟须转变，风险意识亟待加强。从以往中国农业对外合作的教训来看，部分走出去企业紧盯企业短期经济利益，粗放式发展和短视行为严重，突出表现为投资方式简单、领域集中、发展层次较低，不注重技术的交流与合作，不注重东道国农业综合生产能力的提升和资源环境的保护，一些企业甚至仍停留在单纯的海外买地种地，不仅使得企业难以在东道国立足并获得长远发展，更使得中国农业对外合作环境不断恶化，因此，中国农业对外合作一定要转变发展思想，坚持长期合作、互利共赢和共同发展，切忌不讲策略地"以我为主"，以往的经验表明，只有有利于东道国农业综合生产能力的提升、人民生活水平的提高和资源生态条件的改善，农业对外合作才能长久、持续和共赢。此外，在中国农业对外合作加速推进的同时，贸易保护主义和反全球化的思潮不断涌现，中国农业对外合作企业的生产经营风险、潜在农产品进口对中国粮食自给安全和农业生产能力冲击的风险、东道国的政治风险、舆论风险、社会文化差异风险和生态环保风险等不断提高，中国农业对外合作的风险意识亟待加强。

# 3 中国农业对外合作支持政策的发展和变化

## 3.1 中国对外投资政策的发展变化

农业对外合作是一国促进对外开放的重要组成部分，健全的政策支持体系和完善的政府管理与服务是促进一国农业走出国门，参与全球范围内资源配置的有效保障。一直以来，中国政府也在不断适应市场变化，动态调整支持农业对外合作的政策，促进企业更好地参与对外合作。本章系统回顾中国对外投资政策、外汇管制政策、对外合作财政金融支持政策演变历程，对提出农业"走出去"战略后的农业对外合作顶层设计进行了梳理，并对中国农业对外合作支持政策的发展特点、存在的问题进行分析。

中国对外投资审批主要包括投资项目审批和投资主体审批，并由国家发展和改革委员会和商务部负责实施。2003 年，改组后的商务部发布了《关于做好境外投资审批试点工作有关问题的通知》，在北京、天津、上海、江苏、山东等 12 个省份开展下放境外投资审批权限、简化境外投资审批手续的改革试点，地方外经贸部门的审批权限由 100 万美元提高到 300 万美元，审批手续也相应简化。2004 年 7 月，国务院发布《国务院关于投资体制改革的决定》（以下简称《决定》），改革项目审批制度，落实企业投资自主权，对于企业不使用政府投资建设的项目，一律不再实行审批制。该《决定》要求规范政府核准制，健全备案制，严格限定实行政府核准制的范围，国务院会同有关部门制定《政府核准的投资项目目录》（以下简称《目录》），对于《目录》以外的企业投资项目，实施备案制，由企业按照属地管理原则向地方投资主管部门备案。《决定》还明确提出鼓励和支持有条件的各种所有制企业进行境外投资。为进一步规范推进核准制，同年 10 月，商务部发布实施《关于境外投资开办企业核准事项的规定》，明确审查核准对象、核准程序、申请材料和不予核准的情况。2005 年，商务部制定实施《境外投资开办企业核准工作细则》，进一步规范境外投资核准。2009 年 3 月，《境外投资管理办法》再次下放境外投资核准权限，1亿美元以下的境外投资由省级商务主管部门核准，同时简化申请核准流程，缩短核准时限。如企业投资额1 000万美元以上、1亿美元以下的境外投资，省级商务主管部门应于5个工作日内决定是否受理，受理后，应当于15个工作日内做出是否予以核准的决定。2014年，商务部发布新修订《境外投资管理办法》，企业境外投资除涉及敏感国家和地区、敏感行业的，实行核准管理，其他情形的境外投资，均实行备案管理，即实行"备案为主、核准为辅"的管理模式。而且大幅缩短办理时限，提高便利化水平，企业只要提交真实、完整、符合法定形式的材料，3个工作日内即可完成备案。此外，省级商务主管部门负责地方企业境外投资开办企业的备案管理，自行印制并颁发《企业境外投资证书》。2016年，国务院发布《政府核准的投资项目目录（2016年本）》，再次规定涉及敏感国家和地区、敏感行业的项目，由国务院投资主管部门核准。2017年8月，《国务院办公厅转发国家发展改革委商务部人民银行外交部关于进一步引导和规范境外投资方向指导意见的通知》，明确规定鼓励、限制和禁止开展的境外投资领域，进一步完善管理和保障机制。同年11月28日，国务院下发《国务院关于改进境外企业和对外投资安全工作的若干意见》，对全面促进中国对外投资合作健康规范发展，提升风险防范能力，保护境外企业和对外投资安全，提出了具体要求和工作举措。2018年3月，国家发展和改革委员会发布《企业境外投资管理办法》，从境外投资指导和服务、境外投资项目核准和备案、境外投资监管、法律责任等方面对新时期中国对外投资进行规范，明确规定境外投资项目实行核准管理的范围是投资主体直接或通过其控制的境外企业开展的敏感类项目，核准机关为国家发展和改革委员会（表3-1）。

表3-1  对外投资相关政策

| 发布时间 | 政策名称 | 政策要点 |
| --- | --- | --- |
| 2003年 | 《关于做好境外投资审批试点工作有关问题的通知》 | 在北京、天津等12个省份开展下放境外投资审批权限、简化境外投资审批手续的改革试点 |
| 2004年 | 《国务院关于投资体制改革的决定》 | 改革项目审批制度，落实企业投资自主权。对于企业不使用政府投资建设的项目，一律不再实行审批制。规范政府核准制，健全备案制 |
| 2004年 | 《关于境外投资开办企业核准事项的规定》 | 明确核准对象、核准程序、申请材料和不予核准的情况 |
| 2005年 | 《境外投资开办企业核准工作细则》 | — |

（续）

| 发布时间 | 政策名称 | 政策要点 |
|---|---|---|
| 2009 年 | 《境外投资管理办法》 | 下放境外投资核准权限，简化申请核准流程，缩短核准时限 |
| 2014 年 | 新修订《境外投资管理办法》 | 实行"备案为主、核准为辅"的管理模式。企业境外投资除涉及敏感国家和地区、敏感行业的，实行核准管理，其他情形的境外投资，均实行备案管理 |
| 2016 年 | 《政府核准的投资项目目录（2016 年本）》 | — |
| 2017 年 | 《国务院办公厅转发国家发展改革委商务部人民银行外交部关于进一步引导和规范境外投资方向指导意见的通知》 | 明确规定鼓励、限制和禁止开展的境外投资领域 |
| 2017 年 | 《国务院关于改进境外企业和对外投资安全工作的若干意见》（国发〔2017〕51 号） | 对全面促进中国对外投资合作健康规范发展，提升风险防范能力，保护境外企业和对外投资安全提出了具体要求和工作举措 |
| 2018 年 | 《企业境外投资管理办法》 | 明确规定境外投资项目实行核准管理的范围是投资主体直接或通过其控制的境外企业开展的敏感类项目，核准机关为国家发展和改革委员会 |

资料来源：国家发展和改革委员会、商务部等部门官方网站。

## 3.2 中国外汇管制政策的发展变化

2002 年 10 月以来，国家外汇管理局先后批准浙江、上海、江苏等省份进行境外投资外汇管理改革试点，每年给予试点地区一定的境外投资购汇额度，在额度内允许投资主体购汇境外投资，境外企业产生的利润，可由企业自主决定保留用于企业增资或境外再投资，允许境外投资使用多种外汇资金来源，自有外汇不足的，可使用国内外汇贷款、政策性外汇贷款或购汇解决。2003 年，国家外汇管理局取消境内机构境外投资外汇风险审查和境外投资利润汇回保证金的审批，境内机构境外投资不再到国家外汇管理局进行境外投资外汇风险审查，自 2002 年 11 月起，国家外汇管理局不再收取境外投资汇回利润保证金。2005 年，国家外汇管理局发布《关于扩大境外投资外汇管理改革试点有关问题的通知》，将前期试点经验推广至全国，将境外投资用汇额度由 33 亿美元提高至 50 亿美元，扩大试点地区外汇局审查权限，将试点地区外汇分局的境外投资外汇资金来源审查权限由 300 万美元提高至 1 000 万美元，并进一步简化境外审批手续和审批程序。2006 年 7 月，国家外汇管理局彻底取消了境外投资外汇资金来源审查和购汇额度的限制。2009 年，国家外汇管理局下发《境内机构境外直接投资外汇管理规定》，该规定最大特点是扩大了境内机构的用汇来源，注重企业在境外的可持续发展能力。如境内机构可使用自有外汇资金、符合规定的国内外汇贷款、人民币购汇或实物、无形资产及经外汇局核准的其他外汇资产来源等进行境外直接投资。境内机构境外直接投资所得利润也可留存境外用于其境外直接投资。同年，国家外汇管理局下发《国家外汇管理局关于境内银行境外直接投资外汇管理有关问题的通知》，进一步规范境内银行境外直接投资活动。2013 年 7 月，国务院办公厅发布《国务院办公厅关于金融支持经济结构调整和转型升级的指导意见》，鼓励政策性银行、商业银行等金融机构大力支持企业"走出去"。以推进贸易投资便利化为重点，进一步推动人民币跨境使用，推进外汇管理简政放权。创新外汇储备运用，综合运用多种方式为用汇主体提供融资支持。2014 年，国家外汇管理局下发《跨国公司外汇资金集中运营管理规定（试行）》，允许上年度外汇收支规模 1 亿（含）美元以上的国内和跨国企业更自由地转移资金，允许跨国公司同时设立国内和国际外汇资金主账户，简化针对外汇交易的一些管制手续，进一步放松资本流动管制和降低企业"走出去"成本。《跨国公司外汇资金集中运营管理规定》正式版于 2015 年正式发布，该规定从试点外债比例自律管理、优化国际主账户功能、简化账户开立条件、简化外汇收支手续、完善涉外收付款申报手续和加强事中事后管理等方面，进一步促进贸易投资便利化，服务实体经济。2017 年，中国人民银行发布《中国人民银行办公厅关于同意中国外汇交易中心引入境外银行参与银行间外汇市场区域交易的批复》，引入小货币所在国境外银行进行报价，进一步丰富区域交易参与主体类型，扩大区域交易市场需求，提高了区域交易活跃度，对扩大双边本币在跨境贸易投资结算中的使用具有重要意义。2018 年，中国人民银行发布《中国人民银行关于进一步完善人民币跨境业务政策促进贸易投资便利化的通知》，明确凡依法可使用外汇结算的跨境交易，企业均可以使用人民币结算。支持银行以服务实体经济、促进贸易投资便利化为导向，按照现有人民币跨境业务政策创新金融产品，提升金融服务能力，满足企业人民币跨境业务需求（表 3-2）。

表 3-2　外汇管制相关政策

| 发布时间 | 政策名称 | 政策要点 |
|---|---|---|
| 2002 年 | 国家外汇管理局 | 先后批准浙江、上海、江苏等省份进行境外投资外汇管理改革试点 |
| 2003 年 | 国家外汇管理局公告 | 取消境内机构境外投资外汇风险审查和境外投资利润汇回保证金的审批 |
| 2005 年 | 《关于扩大境外投资外汇管理改革试点有关问题的通知》 | 将前期试点经验推广至全国，提高境外投资用汇额度，扩大试点地区外汇局审查权限，简化境外审批手续和审批程序 |
| 2006 年 | 国家外汇管理局 | 彻底取消了境外投资外汇资金来源审查和购汇额度的限制 |
| 2009 年 | 《境内机构境外直接投资外汇管理规定》 | 扩大了境内机构的用汇来源，注重企业在境外的可持续发展能力 |
| 2013 年 | 《国务院办公厅关于金融支持经济结构调整和转型升级的指导意见》 | 鼓励政策性银行、商业银行等金融机构大力支持企业"走出去"。以推进贸易投资便利化为重点，进一步推动人民币跨境使用，推进外汇管理简政放权，完善货物贸易和服务贸易外汇管理制度。创新外汇储备运用，拓展外汇储备委托贷款平台和商业银行转贷款渠道，综合运用多种方式为用汇主体提供融资支持 |
| 2014 年 | 《跨国公司外汇资金集中运营管理规定（试行）》 | 简化针对外汇交易的一些管制手续，进一步放松资本流动管制，降低企业"走出去"成本 |
| 2015 年 | 《跨国公司外汇资金集中运营管理规定》 | 进一步促进贸易投资便利化，服务实体经济 |
| 2017 年 | 《中国人民银行办公厅关于同意中国外汇交易中心引入境外银行参与银行间外汇市场区域交易的批复》 | 引入符合条件的境外银行参与银行间外汇市场区域交易 |
| 2018 年 | 《中国人民银行关于进一步完善人民币跨境业务政策促进贸易投资便利化的通知》 | 凡依法可使用外汇结算的跨境交易，企业均可以使用人民币结算 |

资料来源：国家外汇管理局、中国人民银行等部门官方网站。

## 3.3　对外合作财政金融支持政策的发展变化

从宏观层面看，中国对外合作的财政金融支持政策主要由政府专项资金、信贷融资支持、产业投资基金等组成。1999 年，对外经济贸易部、国家计划委员会、国家经济贸易委员会等部门联合下发《关于进一步采取措施鼓励扩大外贸出口的意见》，进一步提高部分出口商品的退税率，并对中央外贸企业出口利润应缴的所得税给予适当返还，并设立 5 亿元专项资金，采取贴息形式，用于支持中小企业扩大出口和开拓国际市场。2003 年，国家发展和改革委员会和中国进出口银行下发《关于对国家鼓励的境外投资重点项目给予信贷支持有关问题的通知》，为国内企业对外投资提供信贷支持，鼓励国内企业"走出去"。2004 年，财政部和商务部联合下发《关于做好 2004 年资源类境外投资和对外经济合作项目前期费用扶持有关问题的通知》，对 2004 年度资源类境外投资和对外经济合作项目的前期经费予以支持。2005 年，商务部和中国出口信用保险公司发布《关于实行出口信用保险专项优惠措施支持个体私营等非公有制企业开拓国际市场的通知》，支持非公有制企业积极利用出口信用保险等开拓国际市场，提高风险管理能力，提高国际经营收益。2006 年，财政部和商务部联合下发《关于对外经济技术合作专项资金支持政策有关问题的通知》，对企业从事境外投资及境外农业、林业和渔业合作等，通过直接补助和贴息的方式给予支持。2010 年，财政部和商务部联合下发《中小企业国际市场开拓资金管理办法》，加强对中小企业国际市场开拓资金的管理，专门用于中小企业独立开拓国际市场。2012 年，商务部和财政部发布《关于做好 2012 年对外经济技术合作专项资金申报工作的通知》，对境外投资、境外农业、林业、渔业和矿业合作、对外承包工程等，通过直接补助和贷款贴息的方式给予资金支持。2015 年，财政部和商务部下发《关于 2015 年度对外经贸发展专项资金申报工作的通知》，支持区域外贸协调发展，鼓励各地对 2014 年度进出口额低于 6 500 万美元的企业提升国际化经营能力提供支持，支持外贸转型升级，并鼓励扩大先进设备和技术、关键零部件和国内紧缺的资源型产品的进口。

表 3-3　财政金融相关支持政策

| 发布时间 | 政策名称 | 政策要点 |
| --- | --- | --- |
| 1999 年 | 《关于进一步采取措施鼓励扩大外贸出口的意见》 | 进一步提高部分出口商品的退税率 |
| 2003 年 | 《关于对国家鼓励的境外投资重点项目给予信贷支持有关问题的通知》 | 为国内企业对外投资提供信贷支持，鼓励国内企业"走出去" |

（续）

| 发布时间 | 政策名称 | 政策要点 |
|---|---|---|
| 2004 年 - | 《关于做好 2004 年资源类境外投资和对外经济合作项目前期费用扶持有关问题的通知》 | 对 2004 年度资源类境外投资和对外经济合作项目的前期经费予以支持 |
| 2005 年 | 《关于实行出口信用保险专项优惠措施支持个体私营等非公有制企业开拓国际市场的通知》 | 支持非公有制企业积极利用出口信用保险等开拓国际市场，提高风险管理能力，提高国际经营收益 |
| 2006 年 | 《关于对外经济技术合作专项资金支持政策有关问题的通知》 | 对企业从事境外投资及境外农业、林业和渔业合作等，通过直接补助和贴息的方式给予支持 |
| 2010 年 | 《中小企业国际市场开拓资金管理办法》 | 加强对中小企业国际市场开拓资金的管理，专门用于中小企业独立开拓国际市场 |
| 2012 年 | 《关于做好 2012 年对外经济技术合作专项资金申报工作的通知》 | 对境外投资、境外农业、林业、渔业和矿业合作、对外承包工程等，通过直接补助和贷款贴息的方式给予资金支持 |
| 2015 年 | 《关于 2015 年度对外经贸发展专项资金申报工作的通知》 | 支持区域外贸协调发展，鼓励各地对 2014 年度进出口额低于 6 500 万美元的企业提升国际化经营能力提供支持，支持外贸转型升级，并鼓励扩大先进设备和技术、关键零部件和国内紧缺的资源型产品的进口 |

资料来源：商务部、财政部等部门官方网站。

# 3.4 针对农业对外合作的相关支持政策

## 3.4.1 中国农业对外合作相关支持政策的发展

从中国农业对外合作的政策体系看，2006 年，商务部、农业部和财政部联合下发了《关于加快实施农业"走出去"战略的若干意见》，农业部还专门制定了《农业"走出去"发展规划》，推动中国农业"走出去"。同年，商务部、农业部和财政部牵头成立了由 10 个部门组成的农业"走出去"工作部际工作协调领导小组，农业部、商务部、外交部等 33 个部门组成的援外工作部际联席会议制度，以及 14 个部门组成的农业"走出去"工作部际协调机制。2007 年，中央 1 号文件首次提出加快实施农业"走出去"战略，明确提出支持农产品出口企业在国外市场注册品牌，开展海外市场研究、营销策划、产品推介活动。2008 年 10 月，中国共产党第十七届中央委员会第三次全体会议审议通过《中共中央关于推进农村改革发展若干重大问题的决定》，要求扩大农业对外开放，坚持"引进来"与"走出去"相结合，统筹利用国际国内两个市场、两种能力，拓展农业对外开放的广度和深度。同年，商务部和农业部牵头成立了由 14 个部门组成的境外农业资源开发部际工作机制。2010 年 6 月，国务院批准建立由国家发展和改革委员会与商务部牵头、27 个部门组成的"走出去"工作部际联席会议制度。同年中央 1 号文件再次提出提高农业对外开放水平，加强国际农业科技和农业资源开发合作，制定鼓励政策，支持有条件的企业"走出去"。2011 年，农业部和国家开发银行签署规划合作备忘录，并于2012 年签署《共同推进现代农业发展合作协议》和《开发性金融支持中国农业国际合作协议》，进一步巩固战略合作关系，支持农业"走出去"。同年 2月，国务院下发《全国现代农业发展规划（2011—2015 年）》，要求进一步提高农业"引进来"质量和水平。借助多边和双边与区域合作机制，加强农业科技交流合作，加大引资引智力度。继续用好国外优惠贷款和赠款，加大先进适用技术、装备的引进、消化和吸收力度。2014 年中央 1 号文件提出加快实施农业"走出去"战略，培育具有国际竞争力的粮棉油等大型企业。支持到境外特别是与周边国家开展互利共赢的农业生产和进出口合作。鼓励金融机构积极创新为农产品国际贸易和农业"走出去"服务的金融品种和方式。2016 年中央 1 号文件再次提出统筹用好国际国内两个市场、两种资源，完善农产品进出口，加快形成农业对外贸易与国内农业发展相互促进的政策体系。支持中国企业开展多种形式的跨国经营，加强农产品加工、储运、贸易等环节合作，培育具有国际竞争力的粮商和农业企业集团。2017 年中央 1 号文件提出创造良好的农产品国际贸易环境，加强农业对外合作，推动农业"走出去"。以"一带一路"沿线及周边国家和地区为重点，支持农业企业开展跨国经营，建立境外生产基地和加工、仓储物流设施，培育具有国际竞争力的大企业、大集团。积极参与国际贸易规则和国际标准的制订修订，推进农产品认证结果互认工作。2018 年中央 1 号文件继续强调深化与"一带一路"沿线国家和地区农产品贸易关系。积极支持农业"走出去"，培育具有国际竞争力的大粮商和农业企业集团。积极参与全球粮食安全治理和农业贸易规则制订，促进形成更加公平合理的农业国际贸易秩序。进一步加大农产品反走私综合治理力度。

表 3-4　中国农业对外合作相关政策

| 发布时间 | 政策名称 | 政策要点 |
|---|---|---|
| 2006 年 | 《关于加快实施农业"走出去"战略的若干意见》 | 政策层面开始提出推动中国农业"走出去" |

（续）

| 发布时间 | 政策名称 | 政策要点 |
| --- | --- | --- |
| 2007 年 | 中央 1 号文件《中共中央、国务院关于积极发展现代农业扎实推进社会主义新农村建设的若干意见》 | 首次提出加快实施农业"走出去"战略，明确提出支持农产品出口企业在国外市场注册品牌，开展海外市场研究、营销策划、产品推介活动 |
| 2008 年 | 《中共中央关于推进农村改革发展若干重大问题的决定》 | 扩大农业对外开放，坚持"引进来"与"走出去"相结合，统筹利用国际国内两个市场、两种能力，拓展农业对外开放的广度和深度 |
| 2010 年 10 月 3 日 | 《国务院办公厅转发发展改革委农业部关于加快转变东北地区农业发展方式建设现代农业指导意见的通知》（国办发〔2010〕59 号） | 支持建设东北特色农产品基地和出口食品质量安全示范区。加强同东北地区周边和农业发达国家在农业生物技术、大型新型农业装备研制等领域的科技合作，鼓励有条件的农业企业（农场）实施"走出去"战略 |
| 2012 年 2 月 13 日 | 《国务院关于印发全国现代农业发展规划（2011—2015 年）的通知》（国发〔2012〕4 号） | 提高农业"引进来"质量和水平。借助多边和双边与区域合作机制，加强农业科技交流合作，加大引资引智力度，提高农业利用外资水平。加大先进适用技术、装备的引进、消化和吸收力度。加强农产品国际贸易。强化多边和双边与区域农业磋商谈判和贸易促进，做好涉农国际贸易规则制定工作 |
| 2012 年 3 月 8 日 | 《国务院关于支持农业产业化龙头企业发展的意见》（国发〔2012〕10 号） | 扩大农产品出口。积极引导和帮助龙头企业利用普惠制和区域性优惠贸易政策，增强出口农产品的竞争力。加强农产品外贸转型升级示范基地建设，扩大优势农产品出口。支持龙头企业申请商标国际注册，积极培育出口产品品牌<br>开展境外投资合作。引导龙头企业充分利用国际国内两个市场、两种资源，拓宽发展空间。扩大农业对外合作，创新合作方式。完善农产品进出口税收政策，积极对外谈判签署避免双重征税协议 |
| 2012 年 4 月 25 日 | 《国务院办公厅关于支持中国图们江区域（珲春）国际合作示范区建设的若干意见》（国办发〔2012〕19 号） | 针对东北亚国家的资源条件和优势互补特点，重点拓展经珲春口岸进出的矿产品、农畜产品及各类精深加工产品贸易与物流服务，建设成为图们江区域重要的国际物流集散地 |

（续）

| 发布时间 | 政策名称 | 政策要点 |
|---|---|---|
| 2012 年 6 月 1 日 | 《国务院办公厅转发发展改革委等部门关于加快培育国际合作和竞争新优势指导意见的通知》（国办发〔2012〕32 号） | 优化利用外资结构。把承接国际制造业转移和促进国内产业结构升级相结合，积极引导外资投向现代农业、高新技术、先进制造等产业。深化国际能源资源开发和加工互利合作，拓展农业国际合作 |
| 2013 年 7 月 5 日 | 《国务院办公厅关于金融支持经济结构调整和转型升级的指导意见》（国办发〔2013〕67 号） | 鼓励政策性银行、商业银行等金融机构大力支持企业"走出去"。以推进贸易投资便利化为重点，进一步推动人民币跨境使用，推进外汇管理简政放权，完善货物贸易和服务贸易外汇管理制度。逐步开展个人境外直接投资试点，进一步推动资本市场对外开放。创新外汇储备运用，拓展外汇储备委托贷款平台和商业银行转贷款渠道，综合运用多种方式为用汇主体提供融资支持 |
| 2014 年 | 中央 1 号文件《中共中央、国务院关于全面深化农村改革加快推进农业现代化的若干意见》 | 加快实施农业"走出去"战略，培育具有国际竞争力的粮棉油等大型企业。支持到境外特别是与周边国家开展互利共赢的农业生产和进出口合作。鼓励金融机构积极创新为农产品国际贸易和农业"走出去"服务的金融品种和方式 |
| 2015 年 5 月 12 日 | 《国务院关于加快培育外贸竞争新优势的若干意见》（国发〔2015〕9 号） | 全面提升与"一带一路"沿线国家经贸合作水平。深化贸易合作，加快与相关国家开展农产品检验检疫合作及准入谈判，扩大与沿线国家农产品贸易。扩大自沿线国家进口，促进贸易平衡。大力拓展产业投资，开展农牧渔业、农机及农产品流通等领域深度合作。深化能源资源合作，加强海洋经济合作 |
| 2015 年 8 月 7 日 | 《国务院办公厅关于加快转变农业发展方式的意见》（国办发〔2015〕59 号） | 加强农业国际合作，统筹国际国内两个市场、两种资源。拓展与"一带一路"沿线国家和重点区域的农业合作，带动农业装备、生产资料等优势产能对外合作。健全农业对外合作部际联席会议制度。在充分利用现有政策渠道的同时，研究农业对外合作支持政策，加快培育具有国际竞争力的农业企业集团。积极引导外商投资现代农业 |

（续）

| 发布时间 | 政策名称 | 政策要点 |
| --- | --- | --- |
| 2016 年 | 中央 1 号文件《中共中央、国务院关于落实发展新理念加快农业现代化实现全面小康目标的若干意见》 | 再次提出统筹用好国际国内两个市场、两种资源，完善农产品进出口，加快形成农业对外贸易与国内农业发展相互促进的政策体系。支持中国企业开展多种形式的跨国经营，加强农产品加工、储运、贸易等环节合作，培育具有国际竞争力的粮商和农业企业集团 |
| 2016 年 3 月 15 日 | 《国务院关于深化泛珠三角区域合作的指导意见》（国发〔2016〕18 号） | 泛珠三角区域要积极融入"一带一路"建设，鼓励区域内有条件的企业共同参与境外经济贸易合作区和农业合作区开发建设，推进国际产能和装备制造合作 |
| 2016 年 4 月 3 日 | 《国务院办公厅关于促进农业对外合作的若干意见》（国办发〔2016〕29 号） | 构建了支持农业"走出去"的政策框架体系 |
| 2016 年 4 月 6 日 | 《国务院关于同意建立国务院贸易便利化工作部际联席会议制度的批复》（国函〔2016〕59 号） | 批准建立由时任国务院副总理汪洋同志牵头负责的国务院贸易便利化工作部际联席会议制度 |
| 2016 年 10 月 20 日 | 《国务院关于印发全国农业现代化规划（2016—2020 年）的通知》（国发〔2016〕58 号） | 提出优化农业对外合作布局，从粮食产业、经济作物产业、畜牧产业、渔业产业、农产品仓储物流业、农机装备产业、农资产业、森林产业等维度明确了中国农业对外合作的重点领域。提出提高农业对外合作水平，培育大型跨国涉农企业集团，推进农业科技对外合作，完善农业对外合作服务体系，提高农业"引进来"质量。确定开放助农重大工程：农业对外合作支撑工程、优势农产品出口促进工程 |
| 2016 年 11 月 | 《中央企业"十三五"发展规划纲要》 | 对涉农中央企业"走出去"作了战略规划，要求牢固树立国家大局观，巩固海外资源供应基地，提高能源、矿产、农业等各类资源的保障水平。参与相关国家资源开发合作，加快农业"走出去"步伐，扩大在非洲、南美洲、大洋洲和东南亚地区农田、森林等农业资源领域的投资合作，投资建设远洋渔业综合服务基地 |

（续）

| 发布时间 | 政策名称 | 政策要点 |
|---|---|---|
| 2016 年 12 月 7 日 | 《国务院办公厅关于建立统一的绿色产品标准、认证、标识体系的意见》（国办发〔2016〕86 号） | 推动国际合作和互认，围绕服务对外开放和"一带一路"建设战略，推进绿色产品标准、认证认可、检验检测的国际交流与合作，开展国内外绿色产品标准比对分析，积极参与制定国际标准和合格评定规则，提高标准一致性，推动绿色产品认证与标识的国际互认。合理运用绿色产品技术贸易措施，积极应对国外绿色壁垒，推动中国绿色产品标准、认证、标识制度走出去，提升中国参与相关国际事务的制度性话语权 |
| 2016 年 12 月 28 日 | 《国务院办公厅关于进一步促进农产品加工业发展的意见》（国办发〔2016〕93 号） | 鼓励引导符合条件的农产品加工企业开展对外合作，加大对其出口信用保险的支持，强化在融资和通关等方面的便利化服务 |
| 2017 年 | 中央 1 号文件《中共中央、国务院关于深入推进农业供给侧结构性改革加快培育农业农村发展新动能的若干意见》 | 以"一带一路"沿线及周边国家和地区为重点，支持农业企业开展跨国经营，建立境外生产基地和加工、仓储物流设施，培育具有国际竞争力的大企业大集团 |
| 2017 年 1 月 24 日 | 《国务院关于印发"十三五"促进民族地区和人口较少民族发展规划的通知》（国发〔2016〕79 号） | 推进民族地区食品农产品出口示范基地建设，改善食品农产品出口经营环境，提高出口食品农产品质量安全，培育食品农产品出口龙头企业，提升食品农产品国际竞争力 |
| 2017 年 3 月 31 日 | 《国务院关于印发中国（陕西）自由贸易试验区总体方案的通知》（国发〔2017〕21 号） | 杨凌示范区片区以农业科技创新、示范推广为重点，通过全面扩大农业领域国际合作交流，打造"一带一路"现代农业国际合作中心。创新现代农业交流合作机制，打造农业领域国际合作交流创新平台，积极推进国际旱作农业交流与合作，组建面向"一带一路"沿线国家的现代农业合作联盟和全球农业智库联盟，拓展在农业新技术、新品种、新业态以及节水农业、设施农业、农业装备制造等领域的国际合作。支持建设"一带一路"现代农业国际合作中心 |
| 2017 年 3 月 31 日 | 《国务院关于印发中国（河南）自由贸易试验区总体方案的通知》（国发〔2017〕17 号） | 建立健全与"一带一路"沿线国家的合作机制，重点在农业、矿业……领域开展国际合作 |

（续）

| 发布时间 | 政策名称 | 政策要点 |
|---|---|---|
| 2017年6月6日 | 《国务院办公厅关于印发兴边富民行动"十三五"规划的通知》（国办发〔2017〕50号） | 加快发展绿色有机农业和现代特色农业，建设沿边地区特色优势农业生产基地、加工基地、农技推广示范基地和农业对外合作试验区 |
| 2017年6月16日 | 《国务院办公厅关于印发自由贸易试验区外商投资准入特别管理措施（负面清单）（2017年版）的通知》（国办发〔2017〕51号） | 禁止投资农作物、种畜禽、水产苗种转基因品种选育及其转基因种子（苗）生产，农作物新品种选育和种子生产须由中方控股，未经批准，禁止采集农作物种质资源。金融准入方面，境外投资者投资银行业金融机构须符合一定数额的总资产要求，如取得银行控股权益的外国投资者，以及投资中资商业银行、农村商业银行、农村合作银行、村镇银行、贷款公司和其他银行的外国投资者，提出申请前1年年末总资产应不少于100亿美元。投资农村信用（合作）联社、信托公司的外国投资者，提出申请前1年年末总资产应不少于10亿美元。不得作为个体工商户、个人独资企业投资人、农民专业合作社成员，从事经营活动 |
| 2017年8月4日 | 《国务院办公厅转发国家发展改革委商务部人民银行外交部关于进一步引导和规范境外投资方向指导意见的通知》（国办发〔2017〕74号） | 明确了中国鼓励、限制和禁止开展的境外投资活动，其中明确将农业纳入鼓励开展的范畴，提出着力扩大农业对外合作，开展农林牧副渔等领域互利共赢的投资合作 |
| 2017年9月8日 | 《国务院办公厅关于加快推进农业供给侧结构性改革大力发展粮食产业经济的意见》（国办发〔2017〕78号） | 鼓励和支持保险机构为粮食企业开展对外贸易和"走出去"提供保险服务 |
| 2018年 | 中央1号文件《中共中央、国务院关于实施乡村振兴战略的意见》 | 构建农业对外开放新格局。优化资源配置，着力节本增效，提高中国农产品国际竞争力。实施特色优势农产品出口提升行动，扩大高附加值农产品出口。深化与"一带一路"沿线国家和地区农产品贸易关系。积极支持农业"走出去"，培育具有国际竞争力的大粮商和农业企业集团。积极参与全球粮食安全治理和农业贸易规则制定，促进形成更加公平合理的农业国际贸易秩序。进一步加大农产品反走私综合治理力度 |

（续）

| 发布时间 | 政策名称 | 政策要点 |
|---|---|---|
| 2018年<br>6月10日 | 《国务院关于积极有效利用外资推动经济高质量发展若干措施的通知》（国发〔2018〕19号） | 深化农业、采矿业、制造业开放。取消或放宽种业等农业领域……外资准入限制。优化外商投资导向，引导外资更多投向现代农业…… |
| 2018年<br>7月2日 | 《国务院办公厅转发商务部等部门关于扩大进口促进对外贸易平衡发展意见的通知》（国办发〔2018〕53号） | 增加农产品、资源性产品进口。适度增加国内紧缺农产品和有利于提升农业竞争力的农资、农机等产品进口。加快与有关国家签订农产品检验检疫准入议定书，推动重要食品农产品检验检疫准入 |
| 2018年<br>9月24日 | 《国务院关于印发中国（海南）自由贸易试验区总体方案的通知》（国发〔2018〕34号） | 大幅放宽外资市场准入，深化农业、高新技术产业、现代服务业对外开放。对优质农产品出口免于出具检验检疫证书和备案。推动现代服务业集聚发展，建设以天然橡胶为主的国际热带农产品交易中心、定价中心、价格指数发布中心，设立热带农产品拍卖中心。推动农业对外合作科技支撑和人才培训基地建设 |
| 2018年<br>10月13日 | 《国务院关于印发优化口岸营商环境促进跨境贸易便利化工作方案的通知》（国发〔2018〕37号） | 提升通关效率，提高口岸物流服务效能，加快鲜活商品通关速度，总结推广合作经验，与毗邻国家确定鲜活农副产品目录清单，加快开通农副产品快速通关"绿色通道" |

## 3.4.2　中国农业对外合作相关支持政策的发展特点

**（1）政策出台更加密集。** 从时间维度看，中国农业对外合作中央层面的政策构建始于2006年商务部、农业部和财政部联合下发的《关于加快实施农业"走出去"战略的若干意见》，此后，相关支持政策相继出台。近年来，随着中国宏观经济的发展、国际影响力的提升、农业对外依存度的不断提高，尤其是2013年"一带一路"倡议的提出，中国农业对外合作进入加速上行通道，相应政策密集出台。据笔者不完全统计，2006年至2018年10月，由国务院或国务院办公厅发布的中央层面与中国农业对外合作直接相关的政策总计29项，其中2006年仅为1项，2012年增长至4项，2016年后均在6项以上，从政策出台密度看，中央对中国农业对外合作的重视不断提高，2018年1～10月，全年已出台相关政策5项，包括当年中央1号文件，详见图3-1。

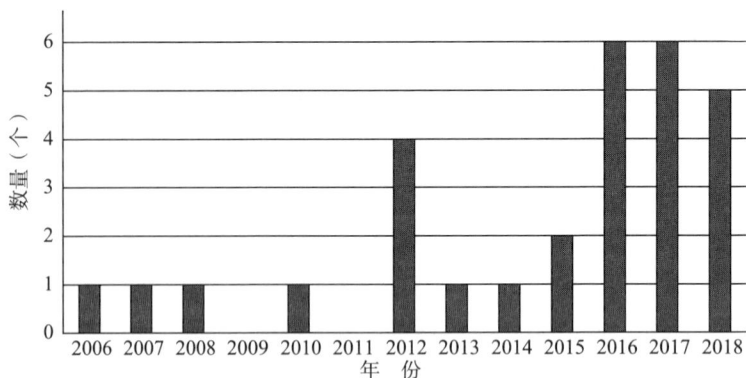

图 3-1　2006 年至 2018 年 10 月中国农业对外合作相关政策统计

**（2）支持范围更大、深度更深。**在农业对外合作政策密集出台的同时，相关政策的支持范围也从最初的扩大出口、增强贸易便利化、"引进来"和"走出去"相结合，发展到加强农业技术交流合作、提高农业"引进来"质量、加大金融和信贷支持、推进农业生产标准的国际合作与互认、培育具有较强国际竞争力的跨国企业和集团、应对国际绿色壁垒、提高中国在农业国际标准制定中的话语权等深层次的发展与合作。近年来，在"一带一路"倡议的指导下，中国与沿线国家的农业交流与合作不断加强，政策支持也逐步走向深入。2017年 5 月，专门针对"一带一路"沿线国家农业合作的《共同推进"一带一路"建设农业合作的愿景与行动》出台。

**（3）更加注重发挥区域自由贸易实验区、少数民族地区和沿边地区的作用。**随着中国农业对外合作的不断深化，农业对外合作的格局也由最初的"中央主导、地方参与"向"政策引导、企业参与"全方位、多层次、多主体的立体格局转变，区域自由贸易试验区、少数民族地区和沿边地区受到政策的重点倾斜。2016 年以来，国务院先后下发了《国务院关于深化泛珠三角区域合作的指导意见》《国务院关于印发"十三五"促进民族地区和人口较少民族发展规划的通知》《国务院关于印发中国（陕西）自由贸易试验区总体方案的通知》《国务院关于印发中国（河南）自由贸易试验区总体方案的通知》《国务院关于印发中国（海南）自由贸易试验区总体方案的通知》，从中央政策层面加强自由贸易试验区、少数民族地区和沿边地区的农业对外合作。如《国务院关于印发中国（陕西）自由贸易试验区总体方案的通知》要求杨凌示范区片区以农业科技创新、示范推广为重点，通过全面扩大农业领域国际合作交流，打造"一带一路"现代农业国际合作中心。拓展在农业新技术、新品种、新业态以及节水农业、设施农业、农业装备制造等领域的国际合作。深化农业金融改革创新，允许引进符合条件的国外专业保险公司，开展涉农保险业务。支持建设"一带一路"现代农业国际合作中心。

**（4）做了极具前瞻性、可操作性的前期规划。**农业规划是中国农业政策体系中的重要组成部分，虽然目前专门针对中国农业对外合作的规划还未成文出台，但农业现代化规划等已对中国农业对外合作做了指导性的计划。2012 年 2 月 13 日，为促进中国农业现代化，国务院下发《全国现代农业发展规划（2011—2015 年）》，2016 年 10 月 20 日，国务院再次发布《全国农业现代化规划（2016—2020 年）》，规划提出优化中国农业对外合作布局，明确提出中国农业对外合作的重点领域：粮食产业：示范生产基地以及粮食仓储、加工物流；经济作物产业：大豆、天然橡胶、糖料、棕榈油、棉花、剑麻和茧丝绸生产、加工物流；畜牧产业：畜禽养殖、加工物流；渔业产业：远洋捕捞、水产养殖以及渔业码头、加工厂、冷库等远洋渔业配套服务；农产品仓储物流业：农产品港口码头、仓储和物流；农机装备产业：先进适用农机设备生产、维修、保养以及大型农机装备研发；农资产业：种子、农药、化肥、饲料、兽药；森林产业：森林资源开发利用、木材加工。此外，规划还确定了农业对外合作支撑工程、优势农产品出口促进工程等开放助农重大工程。

**（5）注重优化中国农业对外合作软环境。**2012 年 3 月 8 日，《国务院关于支持农业产业化龙头企业发展的意见》明确提出进一步完善农产品出口检验检疫制度，继续对出口活畜、活禽、水生动物以及免检农产品全额免收出入境检验检疫费，对其他出口农产品减半收取检验检疫费。2013 年 7 月 5 日，《国务院办公厅关于金融支持经济结构调整和转型升级的指导意见》提出加大对"三农"领域的信贷支持力度，支持企业"走出去"。2016 年 4 月 6 日，国务院批准建立由时任国务院副总理汪洋同志牵头负责的国务院贸易便利化工作部际联席会议制度。2018 年 7 月 2 日，国务院办公厅转发商务部等部门《关于扩大进口促进对外贸易平衡发展的意见》，要求加快与有关国家签订农产品检验检疫准入议定书，推动重要食品农产品检验检疫准入。2018 年 10 月 13 日，国务院下发《优化口岸营商环境促进跨境贸易便利化工作方案》，要求提升通关效率，提高口岸物流服务效能，加快鲜活商品通关速度，总结推广合作经验，与毗邻国家确定鲜活农副产品目录清单，加快开通农副产品快速通关"绿色通道"。

**(6) 有原则、有底线的开放与合作。** 从中国农业对外合作的政策体系和政策走势看，扩大开放、加强交流和深化合作的趋势不可逆转，但中国农业对外合作绝非毫无原则和底线的放开。如 2017 年 6 月 16 日，国务院办公厅下发《国务院办公厅关于印发自由贸易试验区外商投资准入特别管理措施（负面清单）（2017 年版）的通知》（国办发〔2017〕51 号），明确外资禁止投资农作物、种畜禽、水产苗种转基因品种选育及其转基因种子（苗）生产，农作物新品种选育和种子生产须由中方控股，未经批准，禁止采集农作物种质资源。金融准入方面，境外投资者投资银行业等金融机构须符合一定数额的总资产要求，如取得银行控股权益的外国投资者，以及投资中资商业银行、农村商业银行、农村合作银行、村镇银行、贷款公司和其他银行的外国投资者，提出申请前 1 年年末总资产应不少于 100 亿美元。

### 3.4.3 中国农业对外合作相关支持政策存在的问题

**(1) 政策体系以宏观指导性政策为主，可操作性不足，配套实施政策严重滞后。** 当前，中国农业对外合作相关支持政策主要由国务院、国务院办公厅、农业农村部、国家发展和改革委员会、财政部、中国人民银行等中央层面的机构发布实施，因此，各项支持政策主要以原则性、指导性的内容为主。虽然这为各地因地制宜制定实施细则，促进政策落地预留了空间，但因各地农业对外合作发展差异较大，各地政府部门对农业对外合作的重视程度、可调配资源、政策理解等亦存在较大不同，导致政策实施效果迥异，部分政策甚至最终难以落地。

**(2) 农业对外合作政策政出多门，政策协调性不高。** 因农业对外合作涉及贸易、投资、人才、技术和文化交流等多个方面，牵扯到商务部、财政部、农业农村部、外汇管理局、中国人民银行等多个部门，虽然建立了农业"走出去"工作部际联席会议制度，但仍未建立统一权威的常设协调机构，这就使得支持政策"政出多门"无法避免，各项政策间交叉、重复和协调性不高，较难形成政策合力，也使得地方政府在推动农业对外合作中无所适从。

**(3) 农业对外合作缺乏长远规划。** 当前，中央层面对中国农业对外合作，尤其是与"一带一路"沿线国家和地区的农业合作高度重视，各部门也出台了相应的支持政策，但回顾中国农业对外合作历程，也不过 10 余年的时间，截至目前，仍未出台具有前瞻性、长远性的农业对外合作发展规划，这就使得中国农业对外合作中的经验教训未得到有效总结借鉴，对未来如何科学有序发展缺少长期计划。

（4）**国内政策支持力度不强。** 财政政策：现有的直接补助费用（补助海外投资企业前期开发、资源回运、境外突发事件处置等）不仅支持的比例小、范围窄，而且要求非常严格，很多中小型企业很难申请。金融政策：仅有贷款贴息政策，缺乏专门针对农业"走出去"企业的融资支持政策。保险政策：农业"走出去"因土地权属、自然条件等要承担更多的风险和压力，但目前中国仍缺乏相应的政策保险制度。此外，农产品出口保险范围过窄，难以最大限度帮助企业规避风险。税收政策：中国鼓励企业在海外进行农业投资以有效保障粮食安全，但企业将粮食返销国内尚无优惠政策，均按同类进口产品处理，如大豆返销国内要交纳关税和增值税，玉米还需进口配额。而且当前中国还尚未与所有国家签订避免双重征税协定，在操作中仍存在涉外企业双重征税问题。税负较重挫伤境外农业开发的积极性，不利于对国外资源的开发和利用。

（5）**国家层面没有制定严格规划。** 目前中国还没有根据工业化、城镇化快速发展对粮食安全与农产品有效供给的需求，总体设计规划全球农业资源利用战略，建立基于全球视野的国家粮食安全保障机制。中国农业对外直接投资项目主要集中在附加值不高、技术含量低等劳动密集型行业和传统领域，没有从战略上建立农业投资、贸易等互为一体的全球农产品供应链。没有形成统一协调高效的农产品贸易战略与对外投资管理的体制，不能适应服务于新形势下农产品大规模进口，实施农业"走出去"战略，以及农业产业安全管理的需要。

# 4  中国农业对外直接投资影响因素实证研究

随着"一带一路"倡议的提出，农业对外直接投资规模日益扩大，逐渐成为农业"走出去"发展的新趋势。众多因素对中国农业对外直接投资的进行产生影响，包括投资国因素、东道国因素、企业所在行业因素和企业内部因素等。各种影响因素对农业对外直接投资规模的影响方向和程度需要在理论分析的基础上进行实证研究。

## 4.1  农业对外直接投资的影响因素分析

### 4.1.1  经济因素

第一，农业经济发展水平。根据邓宁的投资发展周期理论，投资国的经济发展状况对该国企业对外直接投资具有较大影响，呈正相关关系。中国农业经济发展水平对农业企业经营规模和自身能力及涉外投资时的融资能力具有显著的影响，一般来说农业经济发展水平越高，中国企业进行农业对外直接投资的可能性就越大。

第二，农业外商直接投资。根据邓宁的国际生产折衷理论，进行对外直接投资的跨国企业往往具有东道国所不具有的所有权优势、内部化优势和区位优势。东道国企业可通过外商直接投资所产生的示范效应、溢出效应和竞争效应来强化本土企业的管理水平和竞争意识，带动生产效率，培育其所有权优势进而带动本土企业对外直接投资规模的增加。

第三，农产品贸易。蒙代尔的贸易投资替代模型最早证明了对外直接投资与国际贸易之间的相互替代性。弗农指出随着新产品生命周期进入成熟期或衰退期，生产成本的攀升将使企业通过直接投资将产品的生产与出口转移至要素成本较低的国家。以梅里兹为代表的异质性企业贸易理论指出，对外直接投资和出口贸易是两种内生于企业生产率的互为替代的选择。而小岛清的边际产业转移理论指出，对外直接投资与国际贸易之间存在互补关系。

第四，农业固定资产投资。从融入全球价值链的广度来看，国内投资的增加可以带动生产能力提升，促使企业寻求和开拓海外市场，进而带动对外直接投资的增长。从融入全球价值链的深度来看，国内投资与对外直接投资的有机结合将促使企业融入全球价值链的程度加深，对外直接投资实质上是国内资本深化的结果（宫汝凯，李洪亚，2016）。

第五，农产品生产成本。由于各国间劳动力流动受多方面限制且土地根本不可能移动，投资者为了降低企业生产成本和运输成本，会在具有廉价生产要素的国家或地区进行农业投资生产。因此当中国农产品生产成本增加时，企业可通过农业对外直接投资将生产环节转移，以达到降低企业成本的目的。

第六，外汇储备。外汇储备在国家经济实力中占有非常重要的地位，中国高额外汇储备为国内企业农业对外直接投资提供了动力和条件，能够提高涉外企业的融资能力和抵抗风险的能力，是中国农业对外直接投资的基础。一般来说，外汇储备越多，企业对外直接投资的资金能力越强，投资规模越大。

第七，汇率水平。阿利伯提出的资本化率理论，认为持币相对强势货币国家的资本化率高于持币相对弱势的货币国家。因此，企业对外直接投资是从持强币国流向持弱币国。在购买持弱币国的资产时，持弱币国资产价值低而使购买成本较低，故当投资国本币升值而外币相对贬值时，会促进投资国的对外直接投资。

## 4.1.2　政治因素

第一，农业政策支持。作为发展中国家的中国，政府具有较强经济实力和政治权利，其外资和外贸政策是企业对外直接投资的重要外部影响因素。近年来，随着中国经济的发展，内外部环境的不断变化，中央政府对农业"走出去"的鼓励政策和扶持措施不断增多，农业企业对外直接投资的政策鼓励效应逐步明显并持续扩大，迅速推进了中国农业对外直接投资的发展。

第二，农业财政支出。农业是一国国民经济发展的基础行业，中国作为一个农业大国，农业成为支撑中国经济社会发展的重要基石和促进世界经济发展的重要力量。国家财政用于农业的支出是反映中国政府对农业发展支持力度的重要衡量指标，农业发展有利于农业企业经济实力的增强，一定程度上会对农业对外直接投资产生影响。

第三，农业对外援助。中国早期的农业"走出去"是建立在对外援助基础上的，改革开放后，农业对外直接投资借助对外援助的先导作用快速发展。对外援助是对外直接投资的先导，能够为企业获取海外经验和受援国信息提供便利，改善被援助国基础设施水平，提高资本的边际产出率。此外，对外援助也有助于企业抵抗一部分国家风险，进而促进对外直接投资的进行。

### 4.1.3 科技因素

农业技术能力。根据海默的垄断优势理论，人才和技术优势是企业对外直接投资时可利用的垄断优势。拉奥的技术本土化理论指出技术因素在对外直接投资中具有重要作用，发展中国家可以通过技术改进与创新提升本土企业的竞争实力，进而开展对外投资活动。虽然中国的农业技术在某些领域处于世界领先水平，但从总体来看，中国农业企业与世界大型农业跨国企业仍存在较大差距。

### 4.1.4 东道国因素

第一，东道国工资率水平。国际生产折衷理论认为，劳动力成本是企业总成本的重要组成部分，是选择投资区位时考虑的一个重要因素。所以从降低投入总成本角度出发，投资国更加倾向于选择工资率水平较低的东道国，东道国较低的工资水平可以使投资国获得更高的盈利水平。但是劳动力成本较高的国家和地区存在较强的购买力，在这类国家和地区进行农业对外直接投资会影响企业的产品在东道国市场上的销售情况。

第二，东道国政治风险指数。政治风险是指一个主权国家在与世界各国进行经济、政治等交往时，由于战争、政变、动乱等事件的发生给本国带来损失的可能性。政治风险的存在会导致东道国经济投资环境的不稳定，国外投资者需不断调整企业经营管理和营销方式以应对突发状况带来的潜在经济损失。因此，东道国政局的稳定有利于投资行为顺利进行，而政局的动荡会导致该国对投资的吸引力较弱。

第三，东道国农产品市场开放度。随着世界各国经济的逐渐开放，对一国商品市场对外开放度的研究受到广泛关注。一国市场的对外开放度可以用该国出台的贸易政策和金融政策等相关政策措施的开放性来进行评估。或者通过度量一国进口占该国GDP总量的比例来测度市场开放度，比例越大说明该国市场开放程度越大。东道国农产品市场开放程度越大，中国企业越容易进入其市场，进行农业对外直接投资。

第四，东道国人口密度。人口密度是指单位面积土地上所拥有的常住人口数（通常是每平方千米或每公顷土地）。由于农产品的特殊性，即作为人类生存发展的必需品，其需求量直接决定了产量，东道国的人口密度越大，对农产品的需求量就越大，那么该国所拥有的农产品销售市场就越庞大。东道国在国内生产能力有限的情况下就会鼓励外国投资者进行投资，从而缓解国内粮食紧张的局面。

第五，东道国农业用地。农业用地是指一国用于进行农业生产活动的土地面积，这里的农业生产活动主要是指与农产品种植有关的生产活动。东道国农业用地越辽阔，对于对外投资者来说越有发展空间，投资者们就越倾向于对该国进行农业对外直接投资。

## 4.1.5 其他因素

农业资源水平。农业生产活动离不开农业资源，当中国农业资源不足时，可以通过对外投资的方式，寻求海外农业资源。中国农业对外直接投资往往选择农业资源丰富、开发潜力较大的国家和地区，不但可以缓解国内农业生产资源短缺的压力，还可以通过对外直接投资的方式，保障国家粮食和主要农产品的供给安全。

# 4.2 农业对外直接投资影响因素的实证分析 ——投资国角度

## 4.2.1 研究假设的提出

近年来，中国农业对外直接投资规模不断扩大，逐渐成为农业"走出去"发展的新趋势，仍存在诸多因素对中国农业对外直接投资发展产生影响，本章主要从投资国角度，深入研究影响中国农业对外直接投资规模的各个因素。

第一，农业经济发展水平。根据投资发展周期理论，投资国经济发展状况与其自身对外直接投资具有正相关关系。中国农业经济发展水平会对跨国企业的经营规模、发展潜力和对外投资时的融资能力产生一定影响，进而影响农业对外直接投资。一般情况下中国农业经济发展水平越高，越有可能进行农业对外直接投资。本文用中国农林牧渔业增加值（AGDP）来表示农业经济发展水平，据此提出假设1。

假设1：农林牧渔业增加值与农业对外直接投资规模之间具有正相关关系。

第二，农业外商直接投资。根据国际生产折衷理论，进行对外直接投资的跨国企业往往具有东道国所不具有的所有权优势、内部化优势以及区位优势。东道国企业可通过外商直接投资所产生的示范效应和溢出效应来提升本国企业的管理水平，带动生产效率，培育其所有权优势进而带动本土企业对外直接投资规模的增加。本文用中国农业利用外资实际金额（AFDI）来表示农业外商直接投资水平，据此提出假设2。

假设2：农业利用外资实际金额与农业对外直接投资规模之间具有正相关关系。

第三，农产品贸易。关于对外直接投资与贸易之间关系的研究，学者们主要从替代论和互补论两方面展开。贸易投资替代模型最早证明了对外直接投资与国际贸易之间的相互替代性；异质性企业贸易理论也指出，对外直接投资和出口贸易是两种内生于企业生产率的互为替代的选择。而边际产业转移理论指出，对外直接投资与国际贸易之间存在互补关系。本文用中国农产品出口额（EX）和农产品进口额（IM）表示农产品贸易的发展，据此提出假设3和假设4。

假设3：农产品出口额与农业对外直接投资规模之间的关系是不确定的。

假设4：农产品进口额与农业对外直接投资规模之间的关系是不确定的。

第四，农业国内投资。实质上，对外直接投资是国内资本深化的结果（宫汝凯，李洪亚，2016）。从全球价值链角度来看，农业国内投资的增加可以促进企业生产能力提升，使企业进一步拓展海外市场，融入全球价值链并带动其农业对外直接投资。农业国内投资与农业对外直接投资有机结合，还能使跨国企业投资领域多元化发展，加深企业融入全球价值链的程度。本文用中国农林牧渔业固定资产投资（AI）来表示农业国内投资水平，据此提出假设5。

假设5：农林牧渔业固定资产投资与农业对外直接投资规模之间具有正相关关系。

第五，农业资源水平。农业资源主要是指进行农业生产活动所需的自然资源，包括土地、水资源等。在中国资源短缺背景下，企业可以通过农业对外直接投资的方式在外寻求农业资源。中国农业对外直接投资往往选择农业资源丰富、开发潜力较大的国家和地区，不但可以缓解国内农业生产资源短缺的压力，还可以通过对外直接投资的方式，保障国家粮食和主要农产品的供给安全。本章用中国人均水资源量（WAT）和人均耕地面积（LAND）来表示农业资源水平，据此提出假设 6 和假设 7。

假设 6：人均水资源量与农业对外直接投资规模之间具有负相关关系。

假设 7：人均耕地面积与农业对外直接投资规模之间具有负相关关系。

第六，农业生产成本。由于各国间劳动力流动受多方面限制且土地根本不可能移动，为了降低生产成本和运输成本，跨国企业往往会选择在生产要素低廉的国家和地区进行农业投资生产。因此当中国农产品生产成本增加时，企业可通过农业对外直接投资将生产环节转移，以达到降低企业生产成本的目的。本章用中国稻谷、小麦、玉米平均生产成本（COST）来表示农业生产成本，据此提出假设 8。

假设 8：稻谷、小麦、玉米平均生产成本与农业对外直接投资规模之间具有正相关关系。

第七，农业技术能力。根据垄断优势理论，人才和技术优势是企业对外直接投资时可利用的垄断优势。技术本土化理论也指出技术因素在对外直接投资中具有重要作用，发展中国家可以通过技术改进与创新提升本土企业的竞争实力，进而开展对外投资活动。因此，中国农业技术能力的提升会带动农业对外直接投资的进行。本章用中国公有经济企事业单位农业技术人员数（TEC）来表示农业技术能力，据此提出假设 9。

假设 9：公有经济企事业单位农业技术人员数与农业对外直接投资规模之间具有正相关关系。

第八，农业财政支出。农业作为一国国民经济发展的基础行业，其发展很大程度上会受政府相关措施的影响。国家用于农业的财政支出可以用来反映中国政府对农业发展的支持力度，农业财政支出的增加有利于中国农业持续发展，增强农业企业经济实力，进而对农业对外直接投资产生影响。本章用中国农林水支出（EXP）来表示国家用于农业的财政支出，据此提出假设 10。

假设 10：农林水支出与农业对外直接投资规模之间具有正相关关系。

第九，外汇储备。外汇储备可以用来反映一国经济实力，中国高额的外汇储备为国内企业农业对外直接投资提供了动力和条件，能够提高涉外企业的融资能力和抵抗风险的能力，是中国农业对外直接投资的基础。一般来说，外汇储备越多，企业对外直接投资的资金能力越强，投资规模越大。本章用中国外汇储备余额（RES）来反映外汇储备情况，据此提出假设 11。

假设 11：外汇储备余额与农业对外直接投资规模之间具有正相关关系。

第十，汇率水平。相对于持有弱势货币的国家，资本化率理论指出持有强势货币国家的资本化率较高。由于持有弱势货币国家的资产价值相对较低、购买成本相对较低，使得持有强势货币的国家更倾向于去购买持有弱势货币国家的资产。因此，农业对外直接投资多从高汇率国家流向低汇率国家。当人民币升值而外币相对贬值时，会促进中国农业对外直接投资。本章用人民币对美元汇率（EXR）来表示中国汇率水平，据此提出假设12。

假设12：人民币对美元汇率与农业对外直接投资规模之间具有负相关关系。

## 4.2.2  模型构建与变量说明

通过上述对中国农业对外直接投资影响因素的分析，各个因素对农业对外直接投资规模的作用方向和影响程度存在差异。由于2003年农业对外直接投资才真正进入国家统计体系，考虑到数据的完整性和可获取性以及中国农业对外直接投资发展的实际情况，本章选择的时间期限为2003—2016年，除被解释变量为中国农业对外直接投资外，还围绕10类影响因素选取了12个相关变量作为解释变量，建立如下计量模型：

$$AOFDI = \beta_0 + \beta_1 AGDP + \beta_2 AFDI + \beta_3 EX + \beta_4 IM + \beta_5 AI + \beta_6 WAT +$$
$$\beta_7 LAND + \beta_8 COST + \beta_9 TEC + \beta_{10} EXP + \beta_{11} RES +$$
$$\beta_{12} EXR + \varepsilon \qquad\qquad (4-1)$$

式（4-1）中，被解释变量为农林牧渔业对外直接投资流量（AOFDI），来表示中国农业对外直接投资的规模。解释变量包括农林牧渔业增加值（AGDP）、农业利用外资实际金额（AFDI）、农产品出口额（EX）、农产品进口额（IM）、农林牧渔业固定资产投资（AI）、人均水资源量（WAT）、人均耕地面积（LAND）、稻谷小麦玉米平均生产成本（COST）、公有经济企事业单位农业技术人员数（TEC）、农林水支出（EXP）、外汇储备余额（RES）和人民币对美元汇率（EXR），其中ε为误差项。本文所涉及变量的具体解释以及数据来源如表4-1所示，为分析各个变量的基本特征，本文利用Stata15.0软件对上述变量进行描述性统计分析，如表4-2所示。在后续模型处理中对所有变量进行标准化处理，以消除各变量量纲不同所带来的影响。

表 4-1  变量名称和处理说明

| 变量 | 单位 | 预期符号 | 数据来源 |
|---|---|---|---|
| 农林牧渔业对外直接投资流量（AOFDI） | 万美元 | ＋ | 历年《中国对外直接投资统计公报》 |

（续）

| 变量 | 单位 | 预期符号 | 数据来源 |
|---|---|---|---|
| 农林牧渔业增加值（AGDP） | 亿元 | ＋ | 历年《中国统计年鉴》 |
| 农业利用外资实际金额（AFDI） | 万美元 | ＋ | 历年《中国统计年鉴》 |
| 农产品出口额（EX） | 亿美元 | ？ | 历年《中国农产品进出口月度统计报告》 |
| 农产品进口额（IM） | 亿美元 | ？ | 历年《中国农产品进出口月度统计报告》 |
| 农林牧渔业固定资产投资（AI） | 亿元 | ＋ | 历年《中国统计年鉴》 |
| 人均水资源量（WAT） | 立方米/人 | － | 历年《中国统计年鉴》 |
| 人均耕地面积（LAND） | 公顷/人 | － | 历年《中国国土资源公报》 |
| 稻谷、小麦、玉米平均生产成本（COST） | 元/亩 | ＋ | 历年《中国农业年鉴》 |
| 公有经济企事业单位农业技术人员数（TEC） | 人 | ＋ | 历年《中国科技统计年鉴》 |
| 农林水支出（EXP） | 亿元 | ＋ | 历年《中国统计年鉴》 |
| 外汇储备余额（RES） | 亿美元 | ＋ | 中国人民银行官网 |
| 人民币对美元汇率（EXR） | 1美元合人民币 | － | 《中国统计年鉴2017》 |

表 4-2 主要变量的描述统计

| 变量 | 样本量 | 均值 | 标准差 | 最小值 | 最大值 |
|---|---|---|---|---|---|
| AOFDI | 14 | 99 626.07 | 105 134.3 | 8 136 | 328 715 |
| AGDP | 14 | 40 656.23 | 16 893.91 | 17 380.6 | 65 964.4 |
| AFDI | 14 | 140 811.4 | 49 057.27 | 59 945 | 206 220 |
| EX | 14 | 479.521 4 | 189.952 5 | 212.4 | 726.1 |
| IM | 14 | 715.520 4 | 390.63 | 184.5 | 1 214.8 |
| AI | 14 | 6 966.936 | 7 363.485 | 535 | 22 773.9 |
| WAT | 14 | 2 039.586 | 180.657 3 | 1 730.2 | 2 354.9 |
| LAND | 14 | 0.094 771 3 | 0.003 325 4 | 0.090 987 8 | 0.099 818 6 |
| COST | 14 | 586.122 5 | 225.116 8 | 324.3 | 919.485 |
| TEC | 14 | 710 597.1 | 14 173.6 | 683 437 | 733 474 |
| EXP | 14 | 8 213.126 | 6 076.227 | 1 134.86 | 18 587.36 |
| RES | 14 | 22 940.8 | 12 172.15 | 4 032.51 | 38 430.18 |
| EXR | 14 | 7.060 336 | 0.827 366 4 | 6.142 8 | 8.277 |

### 4.2.3 实证检验过程

鉴于选择的影响因素之间存在内在的经济联系，因此本文利用Stata15.0软件，采取主成分分析法在模型进行普通最小二乘估计（OLS）之前来对12个解释变量进行处理。1933年，霍特林首先提出了主成分分析法，该方法是在变量信息损失较少的前提下，基于降维思想将多个具有相关性的原始变量转化成为少量互不相关的主成分。

在进行主成分分析之前，首先应该判断原始变量数据是否适合采用主成分分析，通常利用KMO检验和SMC检验来进行判断。无论是在KMO检验中还是在SMC检验中，通过检验得出的KMO值或者SMC值越高表明原始变量之间的相关性越强，越适合进行主成分分析。由表4-3可知，在KMO检验中，合计KMO值达0.776 9；在SMC检验中，所有变量的SMC值都在0.7以上。因此，本文中各个原始变量之间存在较强的相关关系，能够进行主成分分析。

**表4-3 KMO和SMC检验**

| 变量 | KMO值 | SMC值 |
|---|---|---|
| *stdAGDP* | 0.735 2 | 0.999 6 |
| *stdAFDI* | 0.825 1 | 0.911 9 |
| *stdEX* | 0.791 7 | 0.998 1 |
| *stdIM* | 0.835 9 | 0.997 7 |
| *stdAI* | 0.801 7 | 0.997 1 |
| *stdWAT* | 0.241 7 | 0.759 8 |
| *stdLAND* | 0.774 6 | 0.931 4 |
| *stdCOST* | 0.793 4 | 0.997 6 |
| *stdTEC* | 0.614 8 | 0.948 3 |
| *stdEXP* | 0.806 2 | 0.998 7 |
| *stdRES* | 0.831 9 | 0.993 6 |
| *stdEXR* | 0.933 6 | 0.981 0 |
| 合计 | 0.776 9 | |

一般情况下主要从两个方面来确定主成分个数，一是特征值大于1时特征值的个数即为主成分个数，二是累计方差贡献率大于85%时特征值的个数即为主成分个数。由表4-4可知，所得第一个主成分的特征值为9.210 67，第二

个主成分的特征值为 1.249 08，均大于 1；并且前两个主成分特征值的累计方差贡献率达到 87.16%，大于 85%，说明前两个主成分基本包含了全部原始变量所具有的信息。此外，由图 4-1 可知，在碎石图中从第 2 个原始变量开始特征值变化的趋势已经趋于平稳，所以本文最终保留 2 个主成分。

表 4-4　特征值和方差贡献率

| 主成分 | 特征值 | 方差贡献率（%） | 累积方差贡献率（%） |
|---|---|---|---|
| 1 | 9.210 67 | 76.76 | 76.76 |
| 2 | 1.249 08 | 10.41 | 87.16 |
| 3 | 0.834 209 | 6.95 | 94.12 |
| 4 | 0.319 59 | 2.66 | 96.78 |
| 5 | 0.229 829 | 1.92 | 98.69 |
| 6 | 0.112 815 | 0.94 | 99.63 |
| 7 | 0.027 446 1 | 0.23 | 99.86 |
| 8 | 0.009 854 72 | 0.08 | 99.95 |
| 9 | 0.003 045 12 | 0.03 | 99.97 |
| 10 | 0.001 863 37 | 0.02 | 99.99 |
| 11 | 0.001 312 37 | 0.01 | 100.00 |
| 12 | 0.000 285 761 | 0.00 | 100.00 |

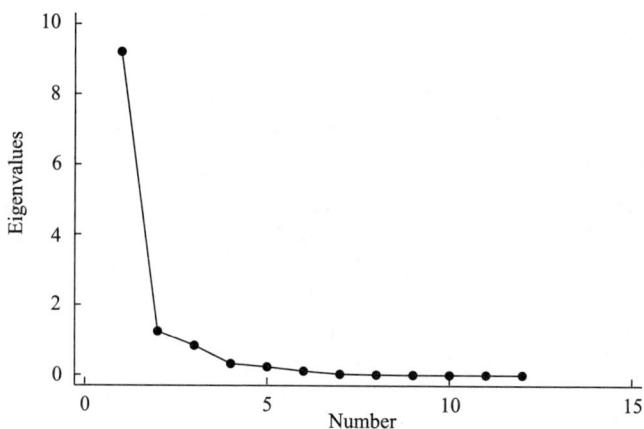

图 4-1　碎石图

根据特征值向量，可得到 2 个主成分与各个原始变量之间的线性组合，分别为：

$$F_1 = 0.327\ 7stdAGDP + 0.263\ 4stdAFDI + 0.326\ 0stdEX + 0.326\ 5stdIM +$$
$$0.299\ 8stdAI + 0.088\ 6stdWAT + 0.220\ 9stdLAND + 0.326\ 9stdCOST +$$
$$0.250\ 5stdTEC + 0.323\ 9stdEXP + 0.311\ 2stdRES - 0.305\ 1stdEXR$$

(4-2)

$$F_2 = 0.000\ 2stdAGDP - 0.026\ 0stdAFDI - 0.039\ 7stdEX - 0.046\ 1stdIM +$$
$$0.162\ 0stdAI + 0.810\ 7stdWAT + 0.349\ 5stdLAND + 0.051\ 3stdCOST -$$
$$0.335\ 5stdTEC + 0.062\ 2stdEXP - 0.173\ 6stdRES + 0.202\ 0stdEXR$$

(4-3)

在第一主成分的表达式中，农林牧渔业增加值（AGDP）、农业利用外资实际金额（AFDI）、农产品出口额（EX）、农产品进口额（IM）、农林牧渔业固定资产投资（AI）、稻谷小麦玉米平均生产成本（COST）、农林水支出（EXP）、外汇储备余额（RES）和人民币对美元汇率（EXR）这 9 个变量起主要作用，主要反映了中国经济社会发展水平。在第二主成分的表达式中，人均水资源量（WAT）、人均耕地面积（LAND）和公有经济企事业单位农业技术人员数（TEC）这 3 个变量起主要作用，主要反映了中国的生产要素禀赋情况（表 4-5）。

表 4-5　特征值向量

| 变量 | 第一特征向量 $F_1$ | 第二特征向量 $F_2$ |
| --- | --- | --- |
| stdAGDP | 0.327 7 | 0.000 2 |
| stdAFDI | 0.263 4 | −0.026 0 |
| stdEX | 0.326 0 | −0.039 7 |
| stdIM | 0.326 5 | −0.046 1 |
| stdAI | 0.299 8 | 0.162 0 |
| stdWAT | 0.088 6 | 0.810 7 |
| stdLAND | 0.220 9 | 0.349 5 |
| stdCOST | 0.326 9 | 0.051 3 |
| stdTEC | 0.250 5 | −0.335 5 |
| stdEXP | 0.322 9 | 0.062 2 |
| stdRES | 0.311 2 | −0.173 6 |
| stdEXR | −0.305 1 | 0.202 0 |

使用 Stata15.0 软件将 stdAOFDI 与两个主成分 $F_1$、$F_2$ 进行普通最小二

乘法回归（OLS），得到如下回归方程：

$$stdAOFDI = 3.74 \times 10^{-10} + 0.298\,789\,8F_1 + 0.204\,207\,6F_2$$

$$(4\text{-}4)$$

由于式中常数项几乎为 0，故可以忽略。因此，将 $F_1$ 和 $F_2$ 的表示式（4-2）和式（4-3）代入式（4-4），整理后可得被解释变量与各个原始解释变量之间的线性关系，具体如下：

$$
\begin{aligned}
stdAOFDI = &\ 0.097\,954\,259stdAGDP + 0.073\,391\,836\,4stdAFDI + \\
&\ 0.089\,298\,433stdEX + 0.088\,140\,899stdIM + \\
&\ 0.122\,658\,813stdAI + 0.192\,023\,878stdWAT + \\
&\ 0.137\,373\,223stdLAND + 0.108\,150\,236stdCOST + \\
&\ 0.006\,335\,196stdTEC + 0.109\,180\,939stdEXP + \\
&\ 0.057\,532\,946stdRES - 0.049\,910\,833stdEXR
\end{aligned}
$$

$$(4\text{-}5)$$

表 4-6  回归结果

| 变量 | 参数 | 标准差 | $t$ 统计量 | $P$ 值 |
|---|---|---|---|---|
| $F_1$ | 0.298 789 8 | 0.035 212 7 | 8.49 | 0.000 |
| $F_2$ | 0.204 207 6 | 0.095 620 1 | 2.14 | 0.056 |
| _cons | 3.74e-10 | 0.102 979 8 | 0.00 | 1.000 |
| | R-squared | | 0.874 4 | |
| | AdjR-squared | | 0.851 5 | |
| | Numberofobs | | 14 | |
| | F（4，9） | | 38.28 | |
| | $Prob>F$ | | 0.000 0 | |

## 4.2.4 实证结果分析

从上述回归结果可知，除人民币对美元汇率（EXR）与中国农业对外直接投资之间具有负相关关系，其他各个解释变量与中国农业对外直接投资规模之间均具有正相关关系。其中，农林牧渔业增加值（AGDP）、农业利用外资实际金额（AFDI）、农林牧渔业固定资产投资（AI）、稻谷小麦玉米平均生产成本（COST）、公有经济企事业单位农业技术人员数（TEC）、农林水支出（EXP）、外汇储备余额（RES）和人民对美元汇率（EXR）所得结果均与预期相符，满足对应假设。

而人均水资源量（WAT）和人均耕地面积（LAND）均对中国农业对外直接投资具有显著的正向影响，与预期不符，不满足假设 6 和假设 7。从理论上来讲，人均水资源量和人均耕地面积的减少会促进国内企业农业对外直接投资。但是通过实证检验，所得结果与预期假设不相符，可能的原因是一国水资源量和耕地面积与其农业经济发展密切相关，水资源量和耕地面积的减少会在一定程度上削弱国内农业企业的经济实力，从而对中国农业对外直接投资的进行起到抑制作用。

此外，农产品出口额（EX）和农产品进口额（IM）均对中国农业对外直接投资具有显著的正向影响。这一结果表明中国农产品贸易，无论是出口贸易还是进口贸易，均与农业对外直接投资之间存在互补关系。因为，中国跨国企业进行农业对外直接投资多为市场寻求型，具有出口优势的企业优先发展农产品出口，通过产业化优势和示范效应会带动大量企业拓展海外农业市场，这不但能够增强企业自身实力，还可以促进其农业对外直接投资的进行。由于农产品进口贸易带来的激烈竞争，可能会减少中国企业的国内市场份额，促使企业向生产成本较低的国家进行农业对外直接投资，并且便于其接近更大的市场，因此中国农产品进口贸易会带动企业开展农业对外直接投资。

# 4.3　农业对外直接投资影响因素的实证分析 ——企业微观角度

## 4.3.1　理论模型

基于地区层面的面板数据，构建计量模型，回答生产率是否是影响中国农业企业对外直接投资最关键的因素？模型的被解释变量为农业对外投资流量，农业生产率为关键解释变量，尽管影响对外直接投资的因素而言，以往的实证研究中对解释变量选择存在不同，在影响对外直接投资因素上，发达国家和发展中国家的投资理论存在差异，考虑到分析的稳健性，研究中还纳入如下控制变量。

**（1）行业出口规模变量。**投资发展周期理论认为，发达国家企业通常按照先出口再投资的发展路径开展对外合作（谢杰等，2011；李磊等，2012）。但有些学者研究发展中国家时发现，一国对外直接投资和产品出口之间存在替代关系（Dunning，2011）。学者们的研究表明农产品出口规模和农业对外直接投资之间存在关系，但农产品出口对中国农业对外直接投资是否具有"投石问路"的作用，值得进一步研究。为此，拟将此变量纳入计量模型中作为控制变量。

**（2）产业规模优势。** 通常来讲企业进行对外直接投资一般会考虑市场内部化优势（Internalization）（Buckley et al.，1976）和行业的外部规模经济优势，裴长洪（2011）认为行业的外部规模经济可以为该行业内的企业提供"可共享"的优越环境。模型中纳入产业规模优势作为控制变量。

**（3）产业集聚变量。** 波特研究国家竞争优势时指出，企业成功国际化的重要基础源于产业集聚的竞争优势。有竞争力的产业整体参与国际竞争，能够弥补单个企业在经营、规模、技术等上的不足（戴翔，2013），从行业集中度的角度看，中国不同区域农业"走出去"的侧重点不同，形成了诸多"走出去"模式，有的区域形成了抱团出海的模式，这种利用集群效应形成自我加强的所有权优势，对企业"走出去"形成了一种可依托的优势。鉴于模型的稳健性，拟纳入反映企业所在行业的地区专业化程度指数以及企业所在行业的集中度指数。

**（4）政府参与程度及政策支持变量。** 前述文献中指出，发展中国家在对外投资过程中，尤其是农业对外投资过程中，因农业产业投资周期长、见效慢，风险因素多，往往在发展的过程中，需要国家的顶层设计和政策支持，日本、韩国等国家在农业对外投资的初期，往往制定针对性较强的金融、财政、税收、保险等政策，扶持本国企业开展农业对外投资活动。国际生产折中理论认为所有权优势是企业开展对外直接投资的必要条件，无论是发达国家还是发展中国家，在开展对外投资活动时，嵌入国家意志和意愿的企业便是政府实施"走出去"的载体，国有企业在开展对外合作过程中，更易获得国家资源，相比其他企业更具有消除信息不对称带来的投资失误，这些企业先天具备了"走出去"的所有权优势。模型中拟纳入政府意志及政策支持变量作为控制变量。

考虑到前期农业对外直接投资可能会对当期农业对外直接投资产生影响，模型将纳入农业对外直接投资滞后一期变量。本文假设各地区在开展农业对外直接投资过程中国外所遇到的政治风险、汇率风险等是同质的，在此前提下构造以生产率为基础变量的理论模型。

$$AODI_{j,t} = \beta_0 + \beta_1 AODI_{j,t-1} + \beta_2 EFFIC_{j,t} + \lambda C_{i,t} + \mu_{j,t} \quad (4\text{-}6)$$

式（4-6）中，下标 $j$ 表示地区，$t$ 代表年份，$AODI$ 表示农业对外直接投资变量，$EFFIC$ 表示地区层面的农业生产效率，$C$ 是其他控制变量，主要包括行业出口规模变量 $EXPO$，产业规模变量 $SCAL$，产业集聚变量 $AGGL$，政府参与度及政策支持变量 $GOVP$，$\mu$ 为误差项。

### 4.3.2 指标测度与数据说明

本文基于 31 个省级层面的面板数据，实证分析生产率是否是影响中国农业对外直接投资的决定因素，作为因变量的农业对外直接投资水平可用农业对外直接投资存量（ODI）进行表示。本文的关键自变量用人均农林牧渔业增加值（AAGDP）来替代，它是农林牧渔业增加值同农林牧渔业就业人数之比。作为控制变量的行业出口规模变量，采用各地区农产品出口总值。为了使模型模拟结果更加科学和稳健，产业规模优势指标选取各地区农林牧渔业增加值。产业集聚变量具体指企业所在地区专业化程度指数，采用区位熵指数进行表示，该指数是反映不同区域各产业相对规模优势的重要指标，计算公式为：

$$AGGL_{ij} = \left(\frac{q_{ij}}{q_j}\right) \bigg/ \left(\frac{Q_{ij}}{Q_j}\right) \qquad (4\text{-}7)$$

式（4-7）中，$q_{ij}$ 是 $j$ 地区 $i$ 产业的增加值或就业人数，$q_j$ 是地区所有产业总增加值或就业人数；$Q_{ij}$ 为全国 $i$ 产业增加值或就业人数；$Q_j$ 是全国总增加值或就业人数。

财政农林水事务支出占 GDP 的比重作为政府参与程度及政策变量，政府的参与程度和政策支持主要表现在财政补贴、低息贷款、项目投资等方面，均会增加政府支出。

囿于数据的可获得性，农业对外直接投资流量和存量数据来源于商务部对外投资和经济合作司数据库及农业农村部对外经济合作中心监测数据库，农林牧渔业增加值、农林牧渔业就业人员、地区 GDP、地区农产品出口总值、农林牧渔业全社会固定资产投资额、地方财政农林水事务支出、农林牧渔业就业人员年平均工资等指标来源于 2005—2015 年《地区统计年鉴》《中国统计年鉴》《中国农业统计年鉴》及国务院发展研究中心信息网数据库整理计算得出，农业企业产业集聚数据根据式（4-7）计算得出。各关键变量的描述性统计见表 4-7。由于中国 2003 年才开始建立农业对外投资统计制度，2006 年才正式提出农业"走出去"战略，考虑数据的可得性和关键时点，本文研究时间段为 2005 年至 2014 年。

**表 4-7 主要指标及数据来源**

| 变量 | 单位 | 指标 | 数据来源 |
|---|---|---|---|
| 农业对外直接投资存量 | 亿美元 | AODI | 商务部对外投资和经济合作司数据库及农业农村部对外经济合作中心监测数据库 |
| 农林牧渔业增加值 | 亿元 | SCAL | 《中国农村统计年鉴》（2005—2015 年） |
| 农林牧渔业就业人员 | 万人 | AJOB | 各省、自治区、直辖市统计年鉴（2005—2015 年） |
| 地区国内生产总值 | 亿元 | ZGDP | 各省、自治区、直辖市统计年鉴（2005—2015 年） |
| 国内生产总值 | 亿元 | GDP | 中国统计年鉴（2005—2015 年） |
| 农产品出口额 | 千美元 | EXPO | 中国农业年鉴（2005—2015 年） |
| 农林牧渔业城镇就业人员平均工资 | 元 | WAGE | 国家统计局数据库 |
| 农林牧渔业固定资产投资 | 亿元 | ZFTZ | 中国农业年鉴（2005—2015 年） |
| 地方财政农林水事务支出 | 亿元 | AGCZ | 《中国农村统计年鉴》（2005—2015 年）及全国地（县、市）财政统计年鉴（2005—2015 年） |

### 4.3.3 实证结果与分析

为考察实证结果的稳健性，首先运用静态面板估计方法，主要运用普通最小二乘法、两阶段最小二乘法和弱工具变量更不敏感的有限信息最大释然法（LIML）；然后再使用差分矩估计方法（GMM），对动态面板数据模型进行估计，为降低异方差，计量数据均做了取对数处理。

**（1）静态面板数据实证结果。** 由于同一地区不同时期之间的扰动项一般存在自相关，若采用普通标准差计算方法，其假设扰动项为独立同分布，会导致估计不准确，在估计时我们使用地区为聚类变量的聚类稳健标准差，从而提高估计的准确性。根据豪斯曼检验结果，拒绝原假设，采用随机效应模型。表 4-8 中第1~6 列报告的是运用普通最小二乘法实证结果。为检验模型的稳健性，考虑到生产率是研究的关键变量，我们首先将其作为基础变量，然后再逐个纳入其他控制变量进行回归。表 4-8 第 1 列是将生产率作为解释变量的回归结果。结果表明，生产率的系数估计值为正，并且在 1% 的显著性水平下对农业对外直接投资产生显著影响，这说明在农业企业的对外投资方面不存在生产效率悖论，生产效率越高的企业越具有开展对外投资的可能性。这一结果不同于戴翔等（2013）实证分析工业企业对外投资的研究，可能的原因是：戴翔使用的全国层面的宏观面板数据，行业间存在较大异质性，与本文仅研究农业对外直接投资存在很大不同。

表 4-8 静态面板数据随机效应回归结果

| 因变量 | 农业对外直接投资（AODI） | | | | | | | | | |
|---|---|---|---|---|---|---|---|---|---|---|
| 自变量 | ①OLS | ②OLS | ③OLS | ④OLS | ⑤OLS | ⑥LIMI | ⑦LIMI | ⑧LIMI | ⑨LIMI | ⑩LIMI |
| 生产效率（EFFIC） | 0.967 7*** (0.002 3) | 0.917 1*** (0.007 3) | 0.922 9*** (0.007 8) | 0.943 1*** (0.008 2) | 0.939 5*** (0.009 2) | 0.885 0*** (0.041 6) | 0.744 5*** (0.014 6) | 0.550 9*** (0.081 3) | 0.498 4*** (0.252 2) | 0.606 4*** (0.058 3) |
| 规模优势（SCAL） | — | 0.226 2*** (0.030 5) | 0.234 8*** (0.031 7) | 0.363 2*** (0.038 6) | 0.388 5*** (0.049 5) | — | 0.891 8*** (0.017 5) | 0.632 5*** (0.088 1) | 0.182 8*** (0.369 2) | 0.920 3*** (0.049 6) |
| 出口规模（EXPO） | — | — | -0.009 9*** (0.006 3) | -0.001 4* (0.006 2) | -0.001 6* (0.006 3) | — | — | -0.028 7* (0.007 2) | -0.053 1** (0.006 8) | -0.066 8* (0.042 0) |
| 政府参与度及政策（GOVP） | — | — | — | 0.062 0* (0.010 9) | 0.064 7* (0.012 1) | — | — | — | 0.173 0* (0.103 8) | 0.058 3** (0.028 7) |
| 产业集聚（AGGL） | — | — | — | — | -0.018 5** (0.059 0) | — | — | — | — | -0.492 6** (0.089 0) |
| 常数项 | 6.499 0*** (0.190 8) | 5.212 5*** (0.190 0) | 5.255 4*** (0.189 8) | 4.822 1*** (0.200 0) | 4.697 4*** (0.244 1) | 6.853 9*** (0.187 8) | 1.530 1 (0.124 6) | 0.455 1*** (0.362 4) | 0.257 1** (0.075 0) | 0.459 3** (0.273 8) |
| 判决系数 $R^2$ | 0.787 7 | 0.867 9 | 0.867 8 | 0.881 8 | 0.886 2 | 0.785 9 | 0.974 5 | 0.950 4 | 0.878 9 | 0.976 2 |
| 样本观测数 | 341 | 341 | 341 | 341 | 341 | 341 | 341 | 341 | 341 | 341 |

注：估计系数下括号内为系数的标准误，其中***、**和*表示 1%、5%和 10%的显著性水平。

产业规模优势（*SCAL*）、政府参与程度与国家政策支持变量（*GOVP*）的估计系数为正，并且在1％的显著性水平下对中国农业对外直接投资具有显著影响，这一结论符合我们的假设和现有经济理论，结果表明产业规模优势对农业"走出去"企业具有促进作用，农业的外部规模经济可以为企业提供"可共享"的优越环境；国家的参与程度和政策支持对农业"走出去"企业具有推动作用。农产品出口规模（*EXPO*）、农业企业产业集聚（*AGGL*）的系数估计为负，农产品出口规模在5％的显著性水平与中国农业对外直接投资之间存在负相关关系，农业企业产业集聚在1％的显著性水平下，对农业对外直接投资产生显著影响。结果表明：中国农产品出口和农业对外直接投资之间存在替代效应，这与当前贸易壁垒盛行，保护主义抬头，导致企业出口困难的现状相吻合，中国农业对外直接投资是以市场寻求型[①]为主，是服务于农产品贸易扩张的对外直接投资；本文运用反映外部经济的地区专业化程度来代表产业集聚，结果表明农业产业还没能形成集聚效应，中国农业企业在国际分工中还处于"微笑曲线"的底部，国际农业产业链条尚未形成。

考虑到使用最小二乘估计方法对静态短面板数据进行回归会存在内生性问题，生产效率与农业对外投资可能互为影响，估计结果可能出现不一致和有偏。为此，进行了豪斯曼检验：

$$chi2(1) = (b-B)'[(V\_b-V\_B)\hat{}(-1)](b-B) = 7.71$$
$$Prob > chi2 = 0.005\ 5$$

检验结果表明，可以在1％的显著性水平上拒绝"所有解释变量均为外生"，需要进一步运用两阶段最小二乘法及弱工具变量更不敏感的有限信息最大释然法[②]（LIML）对模型进行重新估计。本文借鉴戴翔（2013）采用行业层面的员工平均工资的方法，一般工资水平对生产率具有较好的解释力，与企业开展对外直接投资不一定具有必然关系。与采用最小二乘法估计相同，首先以生产效率为基础变量，然后再加入其他控制变量进行估计。

表4-8第6~10列的回归结果表明，在1％的显著性水平下，生产率对农

---

①　经典对外直接投资理论认为企业进行国际投资时往往出于4个基本动机（Vernon，1966；Buckley，2007；CrossnVoss，2008；Dunning，1992，2009，2012）：市场寻求型、自然资源获取型、效率获取型（降低成本型）、战略性资产获取型（技术获取型）（Dunning，1994）。

②　限于文章篇幅，运用两阶段最小二乘法得到的估计系数同弱工具变量更不敏感的有限信息最大释然法（LIML）的回归结果非常接近，为了稳健起见，本文仅给出了弱工具变量更不敏感的有限信息最大释然法（LIML）的回归结果。

业对外直接投资产生了显著的正向影响。将运用普通最小二乘法和运用两阶段最小二乘法及弱工具变量更不敏感的有限信息最大释然法（LIML）的回归结果进行对比，发现回归结果具有一致性，也就是说运用工具变量有效克服了内生性问题，基础变量生产效率的估计系数和统计特征未发生显著变化，这也进一步说明了估计结果是稳健的，在农业"走出去"领域，不存在生产效率悖论。其他控制变量，回归系数和统计显著性也未发生实质变化，产业规模优势、政府参与程度及支持政策在统计上显著正向影响农业对外直接投资，这也再一次证实了行业规模优势产生了正的外部性，有效促进了农业"走出去"，政府的参与程度和支持政策对农业"走出去"起到了推动作用；农产品出口规模和产业集聚在统计上显著负向影响农业对外直接投资，这说明农业对外直接投资之间存在替代效应，产业集聚尚未起到促进农业"走出去"的作用，农业的产业集聚效应仍不明显。

**（2）动态面板数据实证结果。** 为了解农业对外直接投资的动态过程，需要对个体的动态行为进行建模，由于路径依赖的存在，农业对外直接投资当期的行为模型中纳入了滞后一期的农业对外直接投资变量，但纳入前期变量后模型回归会出现内生性问题。为有效克服内生性问题，解决可能存在的异方差，提升估计的效率，采用差分 GMM 估计方法对模型进行估计。表 4-9 给出了以生产效率和农业对外直接投资滞后一期为基础变量，依次纳入生产效率、产业规模优势、产品出口规模、政府参与程度及支持政策、产业集聚等变量的回归结果。

表 4-9　动态面板回归结果（GMM）

| 因变量 | 农业对外直接投资（AODI） | | | | |
|---|---|---|---|---|---|
| 自变量及控制变量 | （1）GMM | （2）GMM | （3）GMM | （4）GMM | （5）GMM |
| $AODI$（−1） | −0.027 2** | −0.036 2** | −0.036 9** | −0.014 6* | −0.016 9* |
| | (0.009 8) | (0.018 2) | (0.017 0) | (0.011 8) | (0.015 3) |
| 生产效率（EFFIC） | 0.990 8*** | 0.990 8*** | 0.989 8*** | 0.987 6*** | 0.988 0*** |
| | (0.007 1) | (0.007 9) | (0.007 8) | (0.007 3) | (0.007 7) |
| 规模优势（SCAL） | — | 0.035 8* | 0.037 2* | 0.037 9* | 0.042 7* |
| | | (0.052 7) | (0.057 2) | (0.067 3) | (0.062 5) |
| 出口规模（EXPO） | — | — | — | −0.042 3* | 0.041 9* |
| | | | | (0.030 5) | (0.026 9) |
| 政府参与度及政策（GOVP） | — | — | 0.000 8* | 0.009 5* | 0.003 9* |
| | | | (0.004 4) | (0.003 2) | (0.002 8) |

（续）

| 因变量 | 农业对外直接投资（AODI） | | | | |
|---|---|---|---|---|---|
| 自变量及控制变量 | (1) GMM | (2) GMM | (3) GMM | (4) GMM | (5) GMM |
| 产业集聚（AGGL） | — | — | — | | −0.035 3 |
| | | | | | (0.045 7) |
| 常数项 | 6.695 5*** | 6.535 7*** | 6.474 9*** | 6.481 5*** | 6.469 6*** |
| | (0.250 3) | (0.310 9) | (0.289 9) | (0.374 9) | (0.343 8) |
| 样本观测数 | 279 | 279 | 279 | 279 | 279 |
| Sargan 检验 | 27.051 2 | 27.208 8 | 27.944 9 | 28.040 2 | 27.606 7 |
| | (0.253 8) | (0.247 2) | (0.217 9) | (0.214 3) | (0.231 0) |

注：估计系数下括号内为系数的标准误，其中***、**和＊表示1%、5%和10%的显著性水平。

动态面板回归结果表明：基础变量生产率，在1%的显著性水平下，对农业对外直接投资产生了正向影响，纳入其他控制变量后，其显著性依然未变，这与静态面板数据的回归结果具有一致性，说明中国农业对外直接投资不存在生产效率悖论，生产效率对农业对外直接投资产生重要作用。作为基础变量的农业对外直接投资滞后一期变量，在5%显著性水平下，对当期农业对外直接投资产生了负向作用，这与我们的预期不吻合，这也许是因农业投资大、周期长、回报慢的特征造成的，这说明了企业进行前期投资仍存在诸多困难。控制变量产业规模优势、政府参与度及支持政策对农业对外直接投资具有显著的正向影响，农产品出口与农业对外直接投资具有替代关系，这也进一步说明中国农业对外投资企业主要是市场寻求型，具有服务农产品贸易扩张的作用。

## 4.3.4 主要结论及建议

加强中国农业企业在国际农业价值链中的成本和价格优势，提升中国农业企业配置全球农业资源的能力是加快推进供给侧结构性改革、提高中国粮食和重要农产品保障能力、提升中国农业国际竞争力和话语权的重要手段。本文基于2005年至2014年中国省级层面农业对外直接投资的面板数据，结合运用普通最小二乘法、弱工具变量更不敏感的有限信息最大释然法（LIML）对静态面板数据进行了计量分析，然后运用系统差分矩估计方法（GMM），对动态面板数据模型进行实证分析。研究得出，生产效率是农业对外直接投资的关键影响要素，这一结论与当前的异质性贸易理论关于生产率是企业开展对外直接投资的决定因素的结论是一致的，中国农业领域的对外合作不存在生产率悖论；

产业规模优势是影响农业企业开展对外直接投资的重要影响因素，行业的规模优势可为"走出去"企业带来正的外部性；农产品出口规模的变化同农业对外直接投资之间具有显著的替代性，这说明中国农业企业开展对外直接投资主要仍是市场寻求型；政府的参与程度和政策支持对农业企业开展农业对外直接投资具有显著的正向影响；企业产业集聚对农业企业对外直接投资没有产生积极作用，说明中国农业企业的集聚效应还很低，全产业链的企业集群还未形成；农业对外直接投资尚未产生滞后影响，前期的对外直接投资对当期的对外直接投资没有产生带动作用，这也许是因农业投资大、周期长、回报慢的特征造成的，这说明了企业进行境外前期投资仍存在诸多困难。

# 5 中国农产品贸易及农业对外援助影响因素实证研究

国内外农业生产要素禀赋的差异、农业技术水平以及农产品贸易政策等是影响中国农产品贸易的重要因素，本章从经济因素、制度因素和技术因素等方面分析了中国农产品贸易的影响因素，并进行实证分析，分析的结论及对策对政府相关部门决策具有重要的参考价值。

## 5.1 中国农产品贸易影响因素实证研究

### 5.1.1 农产品贸易影响因素

**（1）经济因素。**

第一，农业经济规模。经济规模不同于经济增长。经济增长是一个动态概念，而经济规模是经济增长的结果，是一个静态概念。多数学者通常用国民生产总值来代表一国的经济规模，一般认为，经济规模是一国具有比较优势的决定因素之一。一国经济规模越大，它的进口需求和供给能力也就越大。因此，中国农产品的进出口贸易会在一定程度上受中国农业经济规模的影响。

第二，生产要素投入。波特指出一个国家的要素禀赋如果投入不充分会制约竞争力的提高，而过分充裕的要素禀赋又会使人忽略技术革新，从而对竞争优势产生抑制作用。根据赫克歇尔-俄林的要素禀赋理论，要素是否充裕是由各要素总量之间的比例衡量的。农业最终产品的需求派生出对劳动力要素、土地要素、资本要素的需求，因此生产要素的投入会影响一国农产品比较优势，继而影响其国际竞争力，带动农产品贸易的发生。

第三，市场需求。竞争优势理论认为，国内需求市场是产业发展的巨大动力，其可从产业创新、投资规模、产业结构以及企业成长等方面间接影响产业发展。在国内需求的推动下，农业生产者都会追逐具有较高利润率且品质优的农产品。需求层次的变化带动了农产品生产层次的变化，会使高质量、无公害的农产品在农业产品结构中的比重逐渐提高，进而影响农产品国际竞争力，影响农产品贸易。

第四，汇率水平。汇率波动对一国外贸产生的重要影响主要表现在以下三个方面：其一，汇率自由浮动所产生的不确定性会带来汇率风险，汇率风险通过影响出口商的决策影响产品出口数量；其二，汇率波动会影响价格机制的作用，一国货币贬值将有利于该国出口的增加而抑制进口，反之将促进进口而阻碍出口；其三，汇率机制的形成和汇率波动将会影响一国的国际收支情况，进而对该国贸易政策产生影响。

**（2）制度因素。**

第一，关税及非关税壁垒。关税会将商品的世界市场价格和国内市场价格分隔开来从而对一国农产品贸易产生影响。中国农产品面临着贸易伙伴国的关税壁垒，这些关税壁垒将会使得中国农产品出口规模缩减。另外，中国农产品出口面临着其他发达国家的诸多非关税壁垒，例如食品的"绿色壁垒""安全技术指标""农药残留量"等，这些都将对中国农产品的出口产生较为直接的阻碍作用。

第二，贸易制度安排。贸易制度安排是指进行贸易的两个或多个国家同属于某一个自由贸易组织时，将会有利于其相互之间进行商品、技术、金融的贸易往来。自由贸易组织通常指签署自由贸易协定同意消除关税、贸易配额和优先级别的一些国家的组合。由于自由贸易组织内部成员国相互贸易所面临的阻力和交易成本较小，因此会大大促进双边或多边贸易的进行。

**（3）科技因素。** 技术进步，一方面能提高生产率，另一方面能在一定程度上突破要素禀赋对国际贸易的限制，影响贸易模式，从而也是比较优势的重要来源。农业技术进步对农业生产的作用表现在两方面。一方面，提高农业生产率，即提高农业生产要素转化成农产品的转化率，使同样数量的要素投入产生出更多的产品。另一方面，改变生产中投入要素的比例，即在既定的要素投入总量下，技术进步改变了要素组合的比例。

**（4）其他因素。**

第一，人口规模。人口一方面影响进口国的需求，另一方面影响出口国的供给，从而影响双边贸易流量。人口规模同时对农产品的需求和供给产生影响，主要表现在两个方面：一方面，一国人口的增加，使得该国对农产品的需求增加，将会减少农产品的出口或者增加对农产品的进口。另一方面，如果人口的增加更多地影响了供给市场，则使得该国农产品生产和供给增加，将会扩大农产品的出口或者减少农产品的进口。

第二，距离因素。距离因素不仅指贸易国双方地理距离引起的运输成本，而且包括因距离遥远而产生的信息获取及沟通成本，也反映一些难以量化测度的贸易壁垒如文化差异、消费者偏好等。但传统上一般采用贸易两国首都的直线距离或者港口之间的航海距离，来衡量"距离"这一影响因素。两国间空间距离越大，运输成本越大，信息交流越困难，相互的文化差异也就越大，增加了交易成本，从而会限制相互的贸易往来。

第三，偶然事件。偶然事件包括国际形势变化、重大农业生产技术革新、自然灾害、疫病、战争等，它会打破竞争市场原有的均衡状态，导致竞争主体地位发生变化。这些偶然事件使中国农产品的国际竞争力有了不连续性，为本国农业超越其他国家提供了机会，也为本国农产品失去原有竞争优势增添了可能性。

## 5.1.2 农产品贸易影响因素的实证分析

（1）研究假设的提出。本文主要从出口国角度，深入研究影响中国农产品出口贸易的各个因素。

第一，农业经济规模。一般认为，经济规模是一国具有比较优势的决定因素之一。一国经济规模越大，其出口供给能力也就越大。因此，中国农产品出口贸易会在一定程度上受中国农业经济规模的影响。本文用中国农林牧渔业总产值（AGDP）来表示农业经济规模，据此提出假设1。

假设1：农林牧渔业总产值与农产品出口贸易之间具有正相关关系。

第二，农业外商直接投资。外国资本的流入可以为母国带来更多的资金支持以及技术支持，进而带动中国农产品的生产效率，促进农产品产量增加，进一步对农产品出口贸易的发展产生促进作用。本文用中国农业利用外资实际金额（AFDI）来表示农业外商直接投资水平，据此提出假设2。

假设2：农业利用外资实际金额与农产品出口贸易之间具有正相关关系。

第三，农业对外直接投资。关于对外直接投资与贸易之间关系的研究，学者们主要从替代论和互补论两方面展开。贸易投资替代模型最早证明了对外直接投资与国际贸易之间的相互替代性；异质性企业贸易理论也指出，对外直接投资和出口贸易是两种内生于企业生产率的互为替代的选择。而边际产业转移理论指出，对外直接投资与国际贸易之间存在互补关系。本文用中国农林牧渔业对外直接投资流量（AOFDI）来表示农业对外直接投资的发展，据此提出假设3。

假设 3：农林牧渔业对外直接投资流量与农产品出口贸易之间的关系不确定。

第四，产业结构水平。随着一国产业结构的优化升级，经济发展的重点会逐渐向第三产业转移，投入于农业的资金、人力等会在一定程度上转移至服务业，这会对农产品生产产生制约，进而约束农产品出口贸易。本文采用由徐德云（2008）率先提出的产业结构升级系数（ISI）对中国整体产业结构水平加以衡量，具体构建形式为 $ISI = 1 \times Y_1 + 2 \times Y_2 + 3 \times Y_3$（$1 \leqslant ISI \leqslant 3$），其中 $Y_1$、$Y_2$ 和 $Y_3$ 分别表示一国第一、第二、第三产业增加值占 GDP 的比重，数值越大表明该国产业结构水平越高，据此提出假设 4。

假设 4：产业结构升级系数与农产品出口贸易之间具有负相关关系。

第五，生产要素投入。生产要素是进行物质生产的基础，随着要素投入增多，产出增多。并且，农业最终产品的需求会派生出对土地要素、劳动力要素和资本要素的需求，因此生产要素的投入会影响一国农产品的比较优势，继而影响其国际竞争力，带动农产品贸易的发生。本文用中国农业用地占土地面积的比重（AL）、第一产业就业人员占比（AEM）和农林牧渔业固定资产投资（AI）来分别表示土地要素投入、劳动力要素投入和资本要素投入，据此提出假设 5、假设 6 和假设 7。

假设 5：农业用地占土地面积的比重与农产品出口贸易之间具有正相关关系。

假设 6：第一产业就业人员占比与农产品出口贸易之间具有正相关关系。

假设 7：农林牧渔业固定资产投资与农产品出口贸易之间具有正相关关系。

第六，研发投入强度。一国研发投入主要来源于政府财政投入，其不仅对农产品创新和技术进步产生影响，而且影响农产品质量和农业生产安全。技术进步一方面能提高生产率，另一方面能在一定程度上突破要素禀赋对国际贸易的限制，影响贸易模式，从而也是比较优势的重要来源。随着研发投入增加，可带动中国农业国际竞争力提升，进而促进出口贸易进行。本文用中国研究与试验发展（R&D）经费内部支出（RDE）表示研发投入强度，据此提出假设 8。

假设 8：R&D 经费内部支出与农产品出口贸易之间具有正相关关系。

第七，农业财政支出。农业作为一国国民经济发展的基础行业，其发展很大程度上会受政府相关措施的影响。国家用于农业的财政支出可以用来反映中国政府对农业发展的支持力度，农业财政支出的增加有利于中国农业持续发展，增强农业企业经济实力，进而对农产品贸易产生影响。本文用中国农林水支出（EXP）来表示国家用于农业的财政支出，据此提出假设9。

假设9：农林水支出与农产品出口贸易之间具有正相关关系。

第八，汇率水平。汇率波动会影响价格机制的作用，一国货币的贬值将有利于该国出口的增加而抑制进口，反之将促进进口而阻碍出口。农业是中国社会安全稳定的基础，也是中国经济发展的基础。因此，人民币升值将不利于中国农产品的出口贸易。本文用人民币对美元汇率（EXR）来表示中国汇率水平，据此提出假设10。

假设10：人民币对美元汇率与农产品出口贸易之间具有正相关关系。

**（2）模型构建与变量说明。** 通过上述对中国农产品出口贸易影响因素的分析，各个因素对农产品出口贸易的作用方向和影响程度存在差异。考虑到数据的完整性和可获取性以及中国农产品出口贸易发展的实际情况，本文选择的时间期限为2003—2016年，除被解释变量为中国农产品出口额以外，还围绕8类影响因素选取了10个相关变量作为解释变量，建立如下计量模型：

$$AEX = \beta_0 + \beta_1 AGDP + \beta_2 AFDI + \beta_3 AOFDI + \beta_4 ISI + \beta_5 AL +$$
$$\beta_6 AEM + \beta_7 AI + \beta_8 RDE + \beta_9 EXP + \beta_{10} EXR + \varepsilon \quad (5\text{-}1)$$

式（5-1）中，被解释变量为农产品出口贸易额（AEX），来表示中国农产品出口贸易的规模。解释变量包括农林牧渔业总产值（AGDP）、农业利用外资实际金额（AFDI）、农林牧渔业对外直接投资流量（AOFDI）、产业结构升级系数（ISI）、农业用地占土地面积的比重（AL）、第一产业就业人员占比（AEM）、农林牧渔业固定资产投资（AI）、R&D经费内部支出（RDE）、农林水支出（EXP）和人民币对美元汇率（EXR），其中 $\varepsilon$ 为误差项。本文所涉及变量的具体解释以及数据来源如表5-1所示，为分析各个变量的基本特征，本文利用Stata15.0软件对上述变量进行描述性统计分析，如表5-2所示。在后续模型处理中对所有变量进行标准化处理，以消除各变量量纲不同所带来的影响。

表5-1　变量名称和处理说明

| 变量 | 单位 | 预期符号 | 数据来源 |
|---|---|---|---|
| 农产品出口贸易额（AEX） | 亿美元 | ? | 历年《中国农产品进出口月度统计报告》 |
| 农林牧渔业总产值（AGDP） | 亿元 | + | 历年《中国统计年鉴》 |

（续）

| 变量 | 单位 | 预期符号 | 数据来源 |
|---|---|---|---|
| 农业利用外资实际金额（AFDI） | 万美元 | ＋ | 历年《中国统计年鉴》 |
| 农林牧渔业对外直接投资流量（AOFDI） | 万美元 | ？ | 历年《中国对外直接投资统计公报》 |
| 产业结构升级系数（ISI） |  | － | 《中国统计年鉴 2017》 |
| 农业用地占土地面积的比重（AL） | ％ | ＋ | 世界银行 WDI 数据库 |
| 第一产业就业人员占比（AEM） | ％ | ＋ | 《中国统计年鉴 2017》 |
| 农林牧渔业固定资产投资（AI） | 亿元 | ＋ | 历年《中国统计年鉴》 |
| R&D经费内部支出（RDE） | 亿元 | ＋ | 《中国科技统计年鉴 2017》 |
| 农林水支出（EXP） | 亿元 | ＋ | 历年《中国统计年鉴》 |
| 人民币对美元汇率（EXR） | 1美元合人民币 | ＋ | 《中国统计年鉴 2017》 |

**表 5-2  主要变量的描述统计**

| 变量 | 样本量 | 均值 | 标准差 | 最小值 | 最大值 |
|---|---|---|---|---|---|
| AEX | 14 | 479.521 4 | 189.952 5 | 212.4 | 726.1 |
| AGDP | 14 | 69 406.75 | 28 632.62 | 29 691.8 | 112 091.3 |
| AFDI | 14 | 140 811.4 | 49 057.27 | 599 45 | 206 220 |
| AOFDI | 14 | 99 626.07 | 105 134.3 | 8 136 | 328 715 |
| ISI | 14 | 2.345 786 | 0.044 273 9 | 2.283 | 2.432 |
| AL | 14 | 54.980 58 | 0.380 608 9 | 54.763 68 | 56.222 96 |
| AEM | 14 | 37.421 43 | 6.921 669 | 27.7 | 49.1 |
| AI | 14 | 6 966.936 | 7 363.485 | 535 | 22 773.9 |
| RDE | 14 | 7 417.447 | 4 862.988 | 1 539.63 | 15 676.75 |
| EXP | 14 | 8 213.126 | 6 076.227 | 1 134.86 | 18 587.36 |
| EXR | 14 | 7.060 336 | 0.827 366 4 | 6.142 8 | 8.277 |

**（3）实证检验过程。**鉴于选择的影响因素之间存在内在的经济联系，因此本文利用 Stata15.0 软件，采取主成分分析法在模型估计之前来对各解释变量进行处理。主成分分析是由霍特林在 1933 年首先提出的，利用降维的思想，在损失较少信息的前提下把多个指标转化为较少的综合指标。通常把转化生成

的综合指标称为主成分，其中每个主成分都是原始变量的线性组合，且各个主成分之间互不相关。

在进行主成分分析之前，需要通过 KMO 检验和 SMC 检验来判断原始变量数据是否适合进行主成分分析。在 KMO 检验中，KMO 值介于 0 到 1 之间，数值越高表明变量的共性越强，主成分分析越合适。一般情况下，当 KMO 值处于 0.00～0.49，不能接受；0.50～0.59，非常差；0.60～0.69，勉强接受；0.70～0.79，可以接受；0.80～0.89，比较好；0.90～1.00，非常好。在 SMC 检验中，SMC 值越高表明变量的线性关系越强，共性越强，主成分分析越合适。因此由表 5-3 可知，在 KMO 检验中，合计 KMO 值达 0.631 3；在 SMC 检验中，所有变量的 SMC 值都在 0.9 以上。本文变量之间存在较强的相关关系，可以进行主成分分析。

**表 5-3　KMO 和 SMC 检验**

| 变量 | KMO 值 | SMC 值 |
|---|---|---|
| *stdAGDP* | 0.622 2 | 0.999 6 |
| *stdAFDI* | 0.467 1 | 0.990 2 |
| *stdAOFDI* | 0.672 8 | 0.996 8 |
| *stdISI* | 0.839 8 | 0.992 7 |
| *stdAL* | 0.232 3 | 0.964 1 |
| *stdAEM* | 0.639 8 | 0.998 0 |
| *stdAI* | 0.840 2 | 0.996 4 |
| *stdRDE* | 0.651 7 | 0.999 8 |
| *stdEXP* | 0.625 2 | 0.999 8 |
| *stdEXR* | 0.597 3 | 0.993 4 |
| 合计 | 0.631 3 | |

一般情况下，选择特征值大于 1 作为主成分的抽取条件，或选取累计方差贡献率大于 85% 时的特征值个数为主成分个数。由表 5-4 可知，第一个主成分特征值为 8.234 03，第二个主成分特征值为 1.160 11，均大于 1；且前 2 个主成分特征值累计方差贡献率达 93.94%，大于 85%，说明前 2 个主成分基本包含了全部指标具有的信息。此外，由图 5-1 碎石图可以看出，从第 2 个变量开始特征值变化的趋势已经趋于平稳，所以本文最终保留 2 个主成分。

**表 5-4　特征值和方差贡献率**

| 主成分 | 特征值 | 方差贡献率（%） | 累积方差贡献率（%） |
|---|---|---|---|
| 1 | 8.234 03 | 82.34 | 82.34 |
| 2 | 1.160 11 | 11.60 | 93.94 |
| 3 | 0.338 795 | 3.39 | 97.33 |
| 4 | 0.208 648 | 2.09 | 99.42 |
| 5 | 0.039 143 2 | 0.39 | 99.81 |
| 6 | 0.012 677 | 0.13 | 99.93 |
| 7 | 0.003 986 08 | 0.04 | 99.97 |
| 8 | 0.001 833 43 | 0.02 | 99.99 |
| 9 | 0.000 690 854 | 0.01 | 100.00 |
| 10 | 0.000 087 215 3 | 0.00 | 100.00 |

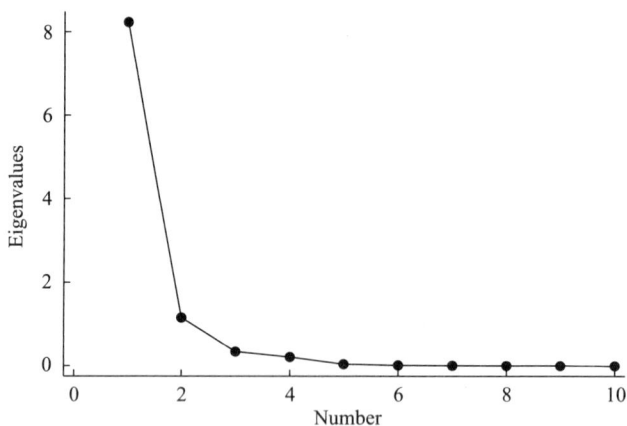

图 5-1　碎石图

根据特征值向量，可得到 2 个主成分与各个原始变量之间的线性组合，分别为：

$$F_1 = 0.346\ 3stdAGDP + 0.267\ 7stdAFDI + 0.329\ 2stdAOFDI +$$
$$0.340\ 4stdISI + 0.141\ 0stdAL - 0.340\ 6stdAEM + 0.333\ 3stdAI +$$
$$0.347\ 3stdRDE + 0.348\ 1stdEXP - 0.309\ 0stdEXR \tag{5-2}$$

$$F_2 = -0.069\ 2stdAGDP - 0.434\ 6stdAFDI + 0.190\ 7stdAOFDI +$$
$$0.054\ 7stdISI + 0.786\ 2stdAL + 0.086\ 9stdAEM + 0.205\ 7stdAI -$$
$$0.000\ 6stdRDE + 0.018\ 3stdEXP + 0.314\ 1stdEXR \tag{5-3}$$

在第一主成分的表达式中，农林牧渔业总产值（$AGDP$）、农林牧渔业对外直接投资流量（$AOFDI$）、产业结构升级系数（$ISI$）、第一产业就业人员占比（$AEM$）、农林牧渔业固定资产投资（$AI$）、R&D经费内部支出（$RDE$）和农林水支出（$EXP$）这7个变量起主要作用。在第二主成分的表达式中，农业利用外资实际金额（$AFDI$）、农业用地占土地面积的比重（$AL$）和人民币对美元汇率（$EXR$）这3个变量起主要作用。

表 5-5　特征值向量

| 变量 | 第一特征向量 $F_1$ | 第二特征向量 $F_2$ |
|---|---|---|
| $stdAGDP$ | 0.346 3 | −0.069 2 |
| $stdAFDI$ | 0.267 7 | −0.434 6 |
| $stdAOFDI$ | 0.329 2 | 0.190 7 |
| $stdISI$ | 0.340 4 | 0.054 7 |
| $stdAL$ | 0.141 0 | 0.786 2 |
| $stdAEM$ | −0.340 6 | 0.086 9 |
| $stdAI$ | 0.333 3 | 0.205 7 |
| $stdRDE$ | 0.347 3 | −0.000 6 |
| $stdEXP$ | 0.348 1 | 0.018 3 |
| $stdEXR$ | −0.309 0 | 0.314 1 |

使用Stata15.0软件将 $stdAEX$ 与两个主成分 $F_1$、$F_2$ 进行普通最小二乘法回归（OLS），得到如下回归方程：

$$stdAEX = 1.20 \times 10^{-8} + 0.340\ 244\ 3F_1 - 0.134\ 492\ 9F_2 \quad (5\text{-}4)$$

由于式中常数项几乎为0，故可以忽略。因此，将 $F_1$ 和 $F_2$ 的表示式（5-2）和式（5-3）代入式（5-4），整理后可得被解释变量与各个原始解释变量之间的线性关系，具体如下：

$$\begin{aligned} stdAEX = &\ 0.127\ 133\ 51stdAGDP + 0.149\ 534\ 013stdAFDI + \\ &\ 0.086\ 360\ 628stdAOFDI + 0.108\ 462\ 398stdISI - \\ &\ 0.057\ 763\ 872stdAL - 0.127\ 574\ 642stdAEM + \\ &\ 0.085\ 738\ 236stdAI + 0.118\ 247\ 541stdRDE + \\ &\ 0.115\ 977\ 821stdEXP - 0.147\ 379\ 709stdEXR \quad (5\text{-}5) \end{aligned}$$

表 5-6　回归结果

| 变量 | 参数 | 标准差 | $t$ 统计量 | $P$ 值 |
|---|---|---|---|---|
| $F_1$ | 0.340 244 3 | 0.016 875 3 | 20.16 | 0.000 |

（续）

| 变量 | 参数 | 标准差 | $t$ 统计量 | $P$ 值 |
|------|------|--------|-----------|--------|
| $F_2$ | −0.134 492 9 | 0.044 958 1 | −2.99 | 0.012 |
| _ cons | 1.20e−08 | 0.046 662 3 | 0.00 | 1.000 |
| | R-squared | | | 0.974 2 |
| | AdjR-squared | | | 0.969 5 |
| | Numberofobs | | | 14 |
| | $F$（4，9） | | | 207.73 |
| | $Prob>F$ | | | 0.000 0 |

**（4）实证结果分析。**从上述回归结果可知，除农业用地占土地面积的比重（AL）、第一产业就业人员占比（AEM）和人民币对美元汇率（EXR）与中国农产品出口贸易之间具有负相关关系，其他各个解释变量与中国农产品出口贸易之间均具有正相关关系。其中，农林牧渔业总产值（AGDP）、农业利用外资实际金额（AFDI）、农林牧渔业固定资产投资（AI）、R&D经费内部支出（RDE）和农林水支出（EXP）所得结果均与预期相符，满足对应假设。

而产业结构升级系数（ISI）与中国农产品出口贸易具有正相关关系，即中国产业结构升级将促进农产品出口贸易的进行，这是与预期不相符的，不满足假设4。这是因为产业结构是中国各生产部门以及部门内各产业间的组合形式和构成，是多种资源转换的综合能力和水平的体现。产业结构的调整和优化会影响农业生产要素的分配机制和投入方向，从而在不同区域的行业诱致产生不同类型的农业技术，进而对农产品生产效率产生促进作用，带动中国农产品出口贸易的发展。

作为反映生产要素投入水平的变量，农业用地占土地面积的比重（AL）和第一产业就业人员占比（AEM）均对中国农产品出口贸易的发展具有负向影响，与预期不符，不满足假设5和假设6。从理论上来讲，生产要素是进行物质生产的基础，随着要素投入增多，产出增多。但是通过实证检验所得结果与预期假设不相符，可能的原因是根据赫克歇尔-俄林的要素禀赋理论，要素是否充裕是由各要素总量之间的比例衡量的，而单一的土地要素投入或劳动力要素投入未必会对农产品的生产产生促进作用，需要连同资本要素进行合理投入。

人民币对美元汇率（EXR）也对中国农产品出口贸易的发展具有显著的负向影响，即随着人民币的升值，农产品出口贸易也在进一步发展，与预期不符，不满足假设 10。根据弹性分析理论，形成这种结果的可能原因是农产品出口贸易的进行还与其商品的价格弹性有关。中国出口的农产品以初级产品为主，而初级产品一般对于价格不是很敏感。当人民币升值时，出口数量可能有所减少，但是总额依然没有减少反而增加。此外，中国农产品出口贸易最大的优势在于低廉的成本和价格。即使由于人民币升值引起价格增加，但相比从其他国家进口，国外仍然可能选择从中国进口。

此外，农林牧渔业对外直接投资流量（AOFDI）对中国农产品出口贸易具有显著的正向影响，这一结果表明中国农业对外直接投资与农产品出口贸易之间具有互补关系。因为，中国跨国公司进行农业对外直接投资主要是为了通过该种方式获取东道国先进的生产技术，通过逆向技术溢出效应来提升自身生产水平，实现高产量、高质量的农产品生产，进而促进了中国农产品出口贸易的发展。

## 5.2 农业对外援助的影响因素分析

### 5.2.1 农业对外援助的动因分析

**（1）以政治合作为基础。**早在中华人民共和国成立之初，中国政府就积极在农业领域对发展中国家进行无偿援助，支援发展中国家农业生产及农村发展，减轻贫困，如为非洲及其他发展中国家援建农业技术试验站、推广站、大型农场和水利设施等，促进了这些国家农业领域的独立自主发展。

中国对非洲援助的本质是中非双方互助互援，是一种发展中国家的南南合作。60 年来，中国通过各类援助，特别是对非洲农业的援助，有力推动了非洲国家的民族独立进程，增强了非洲国家经济发展基础，同时也有效配合了中国外交大局和自身经济发展进程。

中华人民共和国在成立之初所面临的国际形势并不是很好，先是以美国为代表的西方国家对中国的敌视封锁，接着与苏联之间的关系也一度陷入冰点，造成了极为孤立的国际环境。在此时期，非洲地区的民族解放运动蓬勃开展，在广大非洲地区掀起了一股摆脱西方殖民主义建立新国家的浪潮。出于对非洲国家共同命运遭遇的同情与理解，中国政府广泛同非洲国家建立外交关系，支持当地人民的民族解放运动，致力于帮助非洲国家摆脱西方殖民统治。在那样一个特殊的时期，非洲国家成为中国在国际上的重要盟友，与非洲国家关系的发展也是中国当时外交发展的一个重要突破点和立足点，非洲地区的国家也把中国看作其重要的外部支持力量，双方由于共同的历史遭遇和历史任务走到了一起。

**（2）以传授农业技术与自主发展为导向。**农业对外援助是推动中国农业"走出去"的重要手段和重要内容。随着综合国力不断增强，中国对外援助资金保持快速增长。从农业对外援助方面看，近年来一大批农业技术示范项目和农业基础设施项目在非洲、亚洲和拉美等相关国家启动实施，受到各受援国广泛欢迎。在中国农业"走出去"总体水平还不高的情况下，农业对外援助项目不仅在促进双边外交关系上发挥了重要作用，产生了良好国际影响，而且带动了中国农业企业及农业技术和装备"走出去"。同时，随着中国逐步加大境外企业农业基础设施建设的支持力度，加之中国境外农业企业综合实力的加强，境外农业示范与境外农业投资合作日益有机结合，为境外农业资源开发提供了新的、可持续发展模式。

近年来，中国由一些具有技术实力的农业企业承担援建的农业技术示范中心，采用技术示范、人员培训、宣传展示等方式，既体现公益示范作用，无偿提供必要的设备、生产资料，又实实在在地促进了受援国粮食增产，农业技术进步，粮食安全水平提升。西方各国援非主要为福利服务，偏向于社会和行政方面，比如市民社会、人口、政府、健康、教育等，但是对于生产领域的援助却非常有限。而中国在关注受援国民生改善的同时，也注重对非投资和贸易，推动与非洲的全面合作，促进双方互利共赢与共同发展。中国逐步推行农业贴息优惠贷款、农业援助项目合资等方式，其重要目的之一便是利用不断增加的援助和投资来带动非洲农业发展和产业能力提升。

## 【专栏 5-1】 农业技术示范中心案例

### 援助莫桑比克农业技术示范中心

莫桑比克位于非洲东南部，是典型的农业主导国。全国人口 1 900 万人，其中农业人口占总人口的 85%。由于内战及落后的农业生产技术等因素影响，长期处于缺粮状态，粮食不能自给，年缺粮 100 万吨左右，严重依赖进口。当前莫桑比克政局稳定，国际交往和经济领域合作逐步加强，莫桑比克政府十分重视农业发展与合作，农业合作开发前景广阔。

近年来，在中非合作论坛以及中国和葡语国家经贸合作论坛框架下，中莫双方在经贸等多领域进行了卓有成效的合作，互利共赢前景十分广阔。2005年起，莫桑比克向中国出口 190 多种商品享受零关税待遇。2006 年，双方贸易额达 2.1 亿美元，中莫贸易额 5 年来增加了 10 倍多，中国已成为莫桑比克第六大直接投资者。目前，中国在莫桑比克的企业已有 100 多家。

中莫农业技术示范中心是中国在非洲援助建设的首个农业技术示范中心，由中国政府联合中资企业力量建成移交给莫桑比克政府，已经进入技术合作与运营阶段。2006 年中非合作论坛北京峰会上，中国政府承诺支援非洲发展农业生产，在非洲 14 个国家分别援建农业技术示范中心，负责为非洲国家试验、示范和推广农业种植技术，培训农业技术人才，解决粮食安全问题。为迅速落实国家援非举措，商务部随后确定了莫桑比克农业技术示范中心援建计划。2007 年 2 月，时任国家主席胡锦涛访问莫桑比克，为中莫农业技术示范中心揭牌，这是中国在非洲确立的第一个农业技术示范中心。2008 年，该项目确定由湖北省农垦事业管理局承担工程建设任务，通过考察调研、规划设计、物资准备，在 2009 年 7 月正式动工建设。2010 年 11 月，工程项目通过了商务部组织的竣工验收，中莫农业技术示范中心正式建成，并在 2011 年 7 月移交给莫桑比克政府。中莫农业技术示范中心位于莫桑比克首都马普托市西南 28 千米的博望里区莫桑比克农业研究院南部研究所总部试验站内，占地面积 52 公顷，其中办公生活用地 3.17 公顷，农业用地 48.83 公顷，建设投资为 4 000 万元人民币，总建筑面积 3 869 平方米，建有办公综合楼、专家宿舍楼、学院宿舍、食堂、畜禽养殖房、加工仓储房等。

设施条件可以保证示范中心开展各种作物的试验示范，各种农业新技术的测试，可以常年开展农业技术培训，满足莫桑比克农民对农业技术的需求。在人员培训方面，中莫双方经过协商达成共识，将农业技术培训分 3 个层次进行，分别是农业部门官员层次、农业技术人员层次和农业生产者层次，培训数量每年达到 500 人次以上，中方负责培训教材的编印、授课以及实践操作的指导，并为学员提供必要的生活保障。莫方负责参训人员的选拔、组织和管理。2011 年，示范中心与当地农业部、科技部合作开展农业技术培训，举办培训班 7 期，培训农业技术人员和农民 200 余人次。2012 年 6 月正式启动示范中心的培训班，每月按计划举行两期培训，培训内容以蔬菜种植技术、农机操作技术为主，每期参训人员达到 30 人以上，培训时间为 10 天。截至 2012 年 8 月底，培训人员达 190 人次。

**援助坦桑尼亚农业技术示范中心**

中国援助坦桑尼亚农业技术示范中心是中非合作论坛北京峰会承诺的援非工作八项举措的十四个援非农业技术示范中心项目之一。承担着将中国农业生产经验传播到非洲的职责。

该中心建设与后期的 3 年技术合作项目由重庆市农业科学院重庆中一种业有限公司控股的重庆中坦农业发展有限公司承担。示范中心位于坦桑尼亚莫罗戈罗省达卡瓦镇千里马村，距离坦桑尼亚首都 225 千米，总面积 62 公顷，包括三部分：其一为种植杂交水稻、玉米和大棚蔬菜以及建有现代化养鸡场的试验田，占地为 10 公顷；其二为包含培训设施与组织培养实验室在内的办公室，占地 2 公顷；其三为铺设了灌溉和排水系统的农田，占地 50 公顷。中心建设于 2009 年 10 月动工，于 2010 年 9 月竣工，并于 2011 年 4 月举行移交仪式。从 2012 年 3 月开始，农业技术示范中心进入技术合作期，开始探索提供农业技术服务的途径，即示范中心软件系统的建设，具体活动为技术专家就选择的中国农业技术在当地开展试验、示范与培训，解决坦桑尼亚粮食增产上的技术瓶颈，到 2015 年 4 月 3 年技术合作期结束时，示范中心在试验、示范与技术培训等方面取得了一些成效。例如，从中国引入先进的农业种植、养殖技术和一批水稻、玉米与蔬菜品种，经过 3 年试验示范后，水稻单产可达 8～12 吨/公顷，玉米单产达 6～7 吨/公顷，多种蔬菜品种也表现优质丰产。同时，在技术合作期累计举办规模培训班 24 期，集中培训农业技术人员和农民 1 100 人次，接待来实习的大学生 50 人，接待前来参观的当地农户、农技术人员、政府官员 2 000 多人次，为当地农民进行各种形式的技术咨询与技术指导 2 000 多次。从 2015 年 5 月开始，援坦桑尼亚农业技术示范中心进入了可持续发展期，在继续维持农业技术示范中心技术服务功能的同时，充分开发其产业功能，进行种子、商品粮、蔬菜、饲料、果苗、蛋鸡等方面的产业化开发。

## 援助津巴布韦农业技术示范中心

中国援助津巴布韦农业技术示范中心，位于津巴布韦首都哈拉雷西北 27 千米处，占地面积 109 公顷，拥有完善的办公场所、培训和农业生产基地。中心以农业生产技术试验示范、培训推广和可持续发展一体化功能为核心业务，立足津巴布韦农业生产实际情况，采用先进的农业生产技术和一流农机设备，以达到农业生产的高产、高效和安全的目的。

北京德邦大为公司承担的援助津巴布韦农业技术示范中心经过 4 年的不懈努力，公司全体员工在示范中心 109 公顷的土地上圆满地完成了议定书的任务要求，筛选出了适合津巴布韦环境条件的优质高产作物品种，以参观、代培实习、专题讲座等形式培训各类人员 3 419 人次，举行现场演示会近百场，主要作物种植技术推广面积达 3 800 公顷。示范中心在提升项目周边地区及受援国的农业技术水平的同时，在对外宣传、投资带动、人才培养等方面发挥了重要作用，服务了有关农业企业的"走出去"经营。示范中心建成之后，已接待中国政府、津巴布韦政府访问代表团35期，接待联合国粮农组织、世界粮食计划署、比尔及梅琳达·盖茨基金会等国际组织以及国际学者访问交流团22期，不但深化了中津友谊，彰显了中国负责任大国形象，还向世界展示了中国先进、实用的农业技术，提升了中国的国际影响力。依托技术优势，示范中心为北京德邦大为公司、安徽农垦集团、安徽顺兴集团、中信建设集团以及部分中小企业在津巴布韦以及周边国家的农业投资开发项目提供了小麦、玉米、马铃薯、大豆等高产作物品种及配套技术支持、技术咨询服务和农机维修服务，为投资项目的落地和顺利运营奠定了基础。

经过日常经营和技术合作实践，援非农业技术示范中心的农业专家和管理人员更加具有国际视野和当地经营管理经验，更加熟悉国情政策和本地市场，对在非洲当地开展品种选育、技术配套等有更加深刻的认识，在北京德邦大为公司塞拉利昂橡胶和水稻种植项目、乌干达果汁生产项目、肯尼亚大规模农业开发项目、南苏丹农业合作项目的前期设计和后期管理中发挥了关键作用。

为了进一步发挥示范中心的作用，农业部和商务部对项目经营管理提出了更高的要求，要求示范中心在发挥公益性功能的同时兼顾经济性功能，实现可持续发展。为贯彻这一要求，项目实施单位根据受援国实际情况和示范中心核心技术对技术合作期之后的示范中心可持续发展问题进行了细致谋划，设计并推动实施了一系列保障示范中心可持续发展的措施，部分措施已取得一定成效。示范中心在完成提高当地农业技术和生产水平，显著发挥政治外交作用带动部分农业企业投资等任务后，就成了作为援外项目的历史使命。

## 5.2.2　农业对外援助的影响因素

**（1）经济因素。**

第一，援助国对外开放度。一国进行对外发展援助可能由于其外交政治考虑，也可能是由于确保其贸易和投资利益等经济因素的考虑，同时也可能是两种因素的结合。如果一国与世界各地存在广泛的国际贸易联系或者该国在世界其他地区有大量的直接投资，并且这种贸易和投资对该国至关重要，则该国很有可能会为这些地区的国家提供大量的发展援助，以确保其在世界各地的经济利益。

第二，援助国财政收入。官方发展援助是各国政府财政支出的一部分，一国政府的对外援助支出必须以其财政收入为基础。一个国家只有在其财政实力雄厚的前提下，才有可能对外提供大量的发展援助。也就是说，财政实力雄厚的国家对外进行发展援助的倾向更明显。

第三，受援国经济发展水平。经济因素一直是影响对外援助的重要因素之一，经济利益的考虑也是援助国提供援助的一个重要动机。对外援助表面上是一种政治或外交行为，实质上却往往隐含着援助国为实现自身利益的长期政治经济战略意图，是一种由政府主导的战略性商业行为。一国的经济实力是衡量一国经济发展水平的重要方面，也体现了其国际地位，受援国的国内经济环境对援助国对外援助的提供有重要的影响。

**（2）政治因素。**

第一，受援国政策制度。经济全球化进程的加速成为了促进国际合作和经济发展的外在动力。从受援国的角度来看，贸易政策的制定与对外援助的获得有很大的相关性，一方面，受援国需要保护本国的产业和经济，需要采取一定程度的贸易保护措施，关税制度的制定对对外援助的提供也会有一定影响；另一方面，如果采取封闭的贸易政策又会使援助的提供受到限制，此时受援国的政策制定就显得尤为重要。

第二，受援国政府治理。已有学者对于受援国政府的政策及机构评估指数制定了各种评判指标，含有政治和公民权益、个人诚信权益、法律规则以及腐败情况等。援助国往往倾向于对一个政府治理或者民主自由程度较高的国家或地区进行更多的援助，但一直以来，受援国国家政策和机构评估指数同双边援助规模的关系还存在争议。

**（3）科技因素。**

第一，受援国农户资源禀赋。农户家庭资源状况对农户新技术采纳决策存在显著影响，其中农户家庭资源可以通过农户拥有劳动力数量、土地面积和农作物的种植面积来表示。家庭拥有劳动力越多，越缺乏积极性为替换新技术投入资金成本。此外，拥有较大规模土地的农户出于经济考虑一般会选择种植本地长期耕种的作物，以降低风险，进而对新技术采纳决策产生影响。

第二，受援国农户感知的社会规范。农户感知的社会规范作为农户个体内化的社会约束，对农户技术采纳行为存在显著影响。个体对社会规范的遵从是补充非理性决策的重要方面，农户通过感知社会群体对新技术的整体采纳倾向，来辅助其自身的技术采纳决策。在极端的情形下，即使该农户认为某项新技术可能带来更多经济收益，若群体对该新技术普遍持有一种排斥态度，农户个体对社会规范的遵从也将阻碍他们对新技术的选择。

**（4）历史文化因素。** 在人类发展过程中，文化因素一直都是影响社会进步的关键因素，各国都有着各自深厚的文化底蕴、社会风俗。而文化因素是一个民族经过长期的历史文化积淀形成的，对一国发展及与他国的经济交流与合作产生深远的影响。无论出于何种考虑，援助国提供援助时总会考虑其是否为殖民地国家，或者是与发展中国家的距离远近，抑或是受援国人口的多少，受援国与援助国的共同之处往往是有着与援助国相同的母语或者宗教信仰，两国的情况越是相近，援助国对其提供的援助会越多，此外对外援助也会受到受援国国内人口的影响。

# 5.3 小结

第一，众多因素对中国农产品贸易产生影响，主要包括经济因素、制度因素、科技因素和其他因素。其中，经济因素主要包括农业经济规模、生产要素投入、市场需求和汇率水平；制度因素主要包括关税及非关税壁垒、贸易制度安排；科技因素则主要为技术进步；其他因素包括人口规模、距离因素和偶然事件。

第二，从出口国角度进行实证分析，众多因素对中国农产品出口贸易的作用方向和影响程度存在差异性。其中，农业用地占土地面积的比重、第一产业就业人员占比和人民币对美元汇率与中国农产品出口贸易之间具有负相关关系；农林牧渔业总产值、农业利用外资实际金额、农林牧渔业对外直接投资流量、产业结构升级系数、农林牧渔业固定资产投资、R&D 经费内部支出和农林水支出与中国农产品出口贸易之间具有正相关关系。

第三，中国农业对外援助的动因主要涉及两个方面：一是为了政治合作；二是为了传授农业技术和自主发展。此外，中国农业对外援助的影响因素主要包括经济因素、政治因素、科技因素和历史因素。其中，经济因素包括援助国对外开放度、援助国财政收入和受援国的经济发展水平；政治因素包括受援国政策制度和其政府治理；科技因素包括受援国农户资源禀赋和其农户感知的社会规范；历史文化因素也是影响农业对外援助的重要因素。

# 6 中国农业对外直接投资对国内产业结构影响实证研究

在中国，社会和谐以及经济发展很大程度上依赖于农业产业结构的调整。改革开放以来，中国在农业产业结构调整上取得了一定成果，但现阶段还存在产业结构趋同、农产品优质率不高、供给相对过剩等问题，同时产业结构升级在时间和空间上均出现了不平衡状态。随着 2000 年中国"走出去"战略的正式提出以及 2007 年中央 1 号文件首次提出要加快农业"走出去"战略，中国农业对外直接投资有了一定发展，这为推动农业产业结构的升级转型提供了契机。近年来，国内农业生产成本迅速攀升，大宗农产品价格普遍高于国际市场，中国农业产业的竞争力面临严峻挑战。处于该困境下，加快农业对外直接投资有利于国内农业供给侧结构性改革，有利于把中国先进的农业生产装备等富余产能转移到发展中国家，也有利于不发达国家粮食产量提升至全球粮食安全水平。

## 6.1 农业国际贸易对国内产业结构变化的影响机理

农业在整个国民经济中居重要战略基础性地位，农业的健康稳定发展直接影响国民经济的稳定增长。农业不仅为人类提供生存发展的农副产品，还为第二、第三产业发展提供各种资源和投入，并通过产业关联带动上下游产业及相关产业发展，如农用物资包括种子、化肥、农业机械行业的发展及农副产品加工业的发展。从而形成产业之间互动发展机制；农业发展进一步带动农民增收，提高了农村市场的消费能力，为工业消费品提供了广阔的市场，扩大国内需求，形成国内经济稳定的供求格局。农产品国际贸易首先会直接影响农业内部结构及农业发展，同时会通过产业关联影响国内三次产业结构。一是通过农产品贸易规模扩大，影响国内外市场需求，导致国内农产品市场流通加速从而提高第三产业发展；二是进口产品不仅为工业发展提供原料，还可以调整农产品供给结构满足消费者需求，推动第二产业加快发展；三是农产品出口不仅可以有效带动农业发展并促进劳动生产率提高，还通过技术进步密切三次产业的联系，通过技术进步的渗透影响产业结构优化和升级。需求结构、相对成本和国际贸易是产业结构演进的主要影响因素。在封闭经济条件下，需求结构和相对成本主导产业结构的变化，在开放经济条件下，国家贸易成为影响产业结构变迁的重要外部因素，国际因素正是通过国际贸易影响一国的产业结构。随着世界经济的一体化，国际因素对国内产业结构调整的影响力越来越大，国际贸易一般是遵循比较优势开展的，进一步促进国际分工和专业生产，从而有利于推动贸易双方产业结构的良性发展和产业升级。一般来说，国际贸易对国内产业结构的影响有以下几条途径。

（1）**国际贸易通过影响进口替代型产业和出口导向型产业的劳动和资本等要素投入来改变相关产业规模。**国际贸易对产业结构最直接的影响来源于国际贸易对国内产业要素构成的调节，国内产业结构的调整和优化升级的重要途径是扩展具有比较优势产业（出口导向型产业），缩小处于比较劣势地位的产业（进口替代型产业）；国外需求和规模经济引起的国际贸易能直接带动本国优势产业的发展和劣势产业的替代。中国产业结构调整过程主要是通过国际贸易改变不同产业的劳动和资本等要素投入而实现的。基于比较优势下的国际贸易，不断促进国际分工的专业化程度，国内生产要素更多投向具有比较优势产品的生产，具有比较优势的产业进一步扩大；质优价廉的进口商品不仅为国内市场提供有效供给，同时减少进口替代产品的市场需求，生产要素从进口替代产业转出，进口替代产业的部分萎缩。因此，国际贸易对产业结构调整的直接影响就是出口导向型产业扩大，进口替代型产业下降。

（2）**国际贸易通过解决国内结构性过剩或短缺等问题，使得产业结构转换升级。**国内因结构调整而引起的"产品问题"是产业关联中出现的短线制约（瓶颈制约）和长线闲置的主要原因。要解决"剩余产品"和"闲置资源"等问题，农业国际贸易是一个重要的途径，因为国内产品结构性需求的瓶颈通过商品出口能够在一定程度上缓解，也能解决资源过剩与效率低下的问题，在一定程度上带动国内产业结构的调整和优化。另外，通过国际市场机制作用，调整农业出口产品的质量和结构，可以引导资源要素流向生产效率高的产业，促进产业结构优化；进口农产品可以突破国内市场供给瓶颈和资源要素约束，带动产业结构升级。通过国际贸易产品的调整可以消除国内"过剩"产业或"短缺"产业的结构瓶颈，并通过关联产业带动或拉动其他相关产业发展，促进国内产业升级和结构优化。

（3）**国际贸易通过促进技术进步和制度创新，带动产业结构优化。**产业结构优化的一个主导性因素就是技术进步，国际贸易是国际间技术进步传递的重要渠道，因此国际贸易影响产业结构优化的重要途径就是推动技术进步。国际贸易通过以下三种方式推动技术发展：一是通过技术贸易直接引进国外的先进技术，或者通过进口物资带动新产品、新技术、新标准和新概念的引入，同时通过"技术外溢"和"干中学"等效应带动国内技术水平的提升。二是在日益激烈的国际竞争下，只有通过技术创新和技术进步才能为企业发展提供强大动力，在竞争的压力和刺激下，企业技术不断进步引致产业升级和结构优化。三是国际贸易也可以通过促进国内的制度创新对产业结构优化提供重要保证。直接引入良好的经济制度可以节约相关研究投入，同时可以借鉴相关经验，并通过"示范""传递"效应，进一步"外溢"到其他相关经济部门。随着国际贸易规模不断扩大，市场竞争不断加强，经济主体对制度创新降低交易费用增强竞争力产生强烈需求。因此，农业国际贸易能通过"示范"和"传递"效益，将其他国家先进的生产技术和管理技术融入国内农业生产和管理中，促使国内农业产业升级，促进经济增长。

**（4）国际贸易为产业结构调整提供信息和方向指导。**根据产品生命周期理论和雁行产业发展理论，一方面，通过国际分工和国际交换，进口国家在国际贸易中发现本国的优势所在，为国内产业结构调整提供方向；对于技术领先国家，其产业升级过程中形成较多成熟或趋于成熟的产品产业需要对外转移，进口国家可以吸纳这些产业推动本国产业升级和结构优化。另一方面进口国家在国际分工和国际贸易中能及时掌握市场变化信息，发现国际商品结构的变化，主动使国内产业结构调整能"迎合"这一变化，从而加快国内产业结构调整对接国际产业结构，在国际竞争中获得"后发优势"。产业结构的调整和优化需要战略性新兴产业的培育和发展壮大，国际贸易的发展带动了生产要素的跨国转移，为战略性新兴产业的发展提供了市场和专业化发展方向，推动着国内产业结构的不断演进和升级。

通过以上农业国际贸易对产业结构影响机制的分析，本文提出如下假说H1：农业国际贸易通过调整出口商品结构和质量，引导劳动和资本等更多生产要素投入到生产效率较高的生产部门，并且农业国际贸易可以为国内企业提供信息和方向指导，带动技术进步和制度创新，从而促进国内产业结构的优化升级。建立模型如下：

$$Y_t = \alpha_0 + \alpha_1 AEX_t + \sum_{i=2}^{n} \alpha_i Z_{it} + \mu_{1t} \qquad (6\text{-}1)$$

其中 $Y_t$ 表示的是中国产业结构指标，$AEX_t$ 表示的是中国农业对外贸易额，$Z_{it}$ 表示的是控制变量，$\alpha_i$ 表示的是待估参数，$\mu_{1t}$ 表示扰动项。

# 6.2　农业对外援助对产业结构的影响机制

习近平同志在党的十九大报告中强调："中国要提倡构建人类命运共同体，促进全球治理体系变革"。国际援助毫无疑问是构建人类命运共同体的具体表现。中国国际援助在过去50年积累了丰富的经验，"一带一路"倡议的提出为中国国际援助提供了新的途径和方式，也为推动发展中国家实现合作共赢做出了重大贡献。中国国际援助不仅有力支持了受援国政治发展、经济和文化建设，同时也使中国从中获得了丰厚的经济回报，促进了国内产业结构的调整，推动了中国自身的经济发展。农业国际援助作为中国国际援助的重要组成部分，发挥着重要作用。农业对外援助的实质是地区及国家之间农业生产要素的流动，一般是指发达国家向欠发达国家输出劳动、资本和技术等相关农业生产要素。假设各国不存在生产要素的流动壁垒，那生产要素会从低报酬区域流向高回报区域，最终形成世界生产要素的价格均等化。农业国际援助的目的和作用是通过推进国际生产要素的流动，促进世界经济发展区域平衡化，并不断减少局部地区贫困，促进农业产业结构调整。同时，农业作为国民经济的基础部门，可以带动众多关联产业的发展，有助于形成有包容性、持续减贫的世界经济发展环境。从中国对外援助50多年经验看，农业对外援助类型主要有以下三种形式：基础设施援助、技术援助和贸易政策及管理援助。其具体内容包括农田水利工程等农业基础设施、人力资源开发、农用物资无偿援助、粮食紧急援助、农业专家派遣、农业技术示范等。

**（1）基础设施援助与中国产业结构调整。**中国对外援助中一些基础设施援助主要用于改善受援国与国际贸易相关的基础设施。基础设施援助比如运输（铁路、公路、水运、航空）和仓储使得受援国对外贸易的运输和仓储条件得以改善，在一定程度上还能削减受援国的出口贸易成本，提高其贸易比较优势，增加受援国对外贸易总额。基础设施援助还包括通信、银行和金融服务、商业和其他服务等领域的援助，这些援助能促进援助国融资、保险等商业服务更加完善和便利，提高中国在对外贸易中的比较优势，使得能与受援国直接进行国际贸易，从而发展自己国内优势产业，转移劣势产业，最终推进国内产业结构优化升级。

**（2）技术援助与中国产业结构调整。**中国对受援助国的生产部门提供农业技术援助主要通过两个途径来促进中国产业结构的调整。一是通过农业技术援助来改善受援国农业产品的质量和产品种类。农业产品质量的提高和种类的增多不仅会激发受援国的国内需求，同时会刺激国际市场的需求，农产品需求增多会提高受援国的农业贸易多样化水平，增加其出口总额，而中国通过进口资源消耗大的商品，释放生产要素，促使资本、劳动力等生产要素向其他产业转移，从而促进中国产业结构升级。二是通过农业技术援助能促使受援国生产扩大和出口能力提高。农业技术援助会促使受援国内部对农业各方面投资扩大，农业迅速发展，为受援国其他产业的发展提供更坚实的物质基础，这势必会促进其经济快速发展，从而为中国提供更大的市场。中国可以借此转移国内剩余产品和闲置资源等，优化国内产出结构和就业结构，促进国内经济增长。

**（3）贸易政策和管理援助与中国产业结构调整。**贸易政策和管理援助的目的是为了促进受援国的贸易自由化。具体而言，通过推进受援国贸易政策的便利化，如简化海关出入境程序，逐步削减关税和非关税壁垒，进一步放松市场准入条件，帮助受援国制定合理的贸易政策，提高其贸易水平和参与能力。同时也为中国提供更广阔的市场，不断提高贸易总额和贸易产品的多样化，促进国内经济增长。

通过以上农业对外援助对产业结构影响机制的分析，本文提出如下假说H2：农产品对外援助通过改善受援国基础设施条件，增加受援国农产品品类，提高农产品品质，促进受援国生产和出口能力的提升，推进受援国贸易政策的便利化，从而促进国内产业结构的优化升级。建立模型如下：

$$Y_t = \beta_0 + \beta_1 OFDI_t + \sum_{t=2}^{n} \beta_i Z_{it} + \mu_{2t} \tag{6-2}$$

其中$Y_t$表示的是中国产业结构指标，$OFDI_t$表示的是中国农业对外贸易额，$Z_{it}$表示的是控制变量，$\beta_i$表示的是待估参数，$\mu_{2t}$表示扰动项。

# 6.3　数据来源与检验

## 6.3.1　数据来源及指标选择

数据来源。本文选取了2003—2016年中国相关指标的时间序列数据，原始数据主要来源于中经网统计数据库、国家统计局网站、中国人民银行网站以及相应年份的《中国统计年鉴》《中国劳动统计年鉴》《中国科技统计年》《中国农业年鉴》《中国农产品进出口月度统计报告》。

指标选取。本文在选取产业结构优化升级指标时，将第三产业的产出结构（$Y_1$）和就业结构（$Y_2$）作为被解释变量。产出结构（$Y_1$）为第三产业实际增加值与第二、第三产业（非农产业）产出比，就业结构（$Y_2$）为第三产业就业人员占第二、第三产业（非农产业）就业份额比重。

本文主要考察的是农业对外直接投资和农业国际贸易对中国产业结构的影响，因此选择农业对外直接投资（OFDI）和农业国际贸易（AEX）作为解释变量。本文以 2003—2016 年中国农业对外直接投资流量占 GDP 的比重来衡量农业对外直接投资程度，以中国农业国际贸易进出口总额来表示农业国际贸易，同时为了数据的平稳性，对农业进出口总额取对数。

根据已有研究选取了政府干预程度（GOV）作为政策变量，考虑到中国的宏观经济制度环境，在供给侧结构性改革持续推进下，进一步简政放权，市场在资源配置中起决定性作用，但地方政府"GDP 竞赛"对经济仍产生重要影响，政府干预程度一方面代表着政府对于农业补贴作用的大小，另一方面则是代表着农业市场化水平。同时，政策变量也包括农业"走出去"战略（AGRGOING），农业"走出去"战略是影响中国农业国际贸易的重要国家战略。变量设计与描述性统计见表 6-1。

**表 6-1 变量设计与描述性统计**

| 变量类型 | 变量名称 | 变量设计 | 变量符号 | 均值 | 标准差 | 最小值 | 最大值 |
|---|---|---|---|---|---|---|---|
| 被解释变量（Y） | 产出结构 | 第三产业产出增加值与非农就业产出比值 | $Y_1$ | 0.497 | 0.031 | 0.467 | 0.563 |
| | 就业结构 | 第三产业就业人口与非农就业人口比值 | $Y_2$ | 0.565 | 0.018 | 0.543 | 0.601 |
| 解释变量（X） | 农业对外直接投资 | 中国农业对外直接投资占GDP比重（%） | OFDI | 18.780 | 12.95 | 5.378 | 44.175 |
| | 农业国际贸易 | 中国农业进出口总额（亿美元） | AEX | 1 195.042 | 579.153 | 396.9 | 1 928.2 |
| 政策变量 | 农业"走出去"战略 | 2006 年以前为 0，2006 年至 2016 年为 1 | AGRGOING | 0.714 | 0.468 | 0 | 1 |
| | 政府干预程度 | 财政支出占比 | GOV | 0.196 | 0.022 | 0.158 | 0.221 |

## 6.3.2 数据检验

单位根检验（ADF 检验）主要检验时间序列中是否存在单位根，有单位根说明数据存在不平稳性，不能进行协整检验。由于本文所用数据为时间序列

数据，为了数据的平稳性，单位根检验属于基础检验，为后文检验奠定维础。本文运用 stata14.0 对变量进行单位根检验

ADF 检验结果如表 6-2 所示，结果显示 $Y_1$ 的 ADF 统计量 $Z(t)$ 值为 $-0.272$，$P$ 值为 0.990 1，无法拒绝存在单位根的原假设；$Y_2$ 的 ADF 统计量 $Z(t)$ 值为 $-0.602$，$P$ 值为 0.978 8，即使在 10% 的显著水平上也无法拒绝存在单位根的原假设，同样，$OFDI$ 和 $AEX$ 均无法拒绝存在单位根的原假设。因此，我们对被解释变量和解释变量进行了一阶差分处理，差分后的被解释变量和解释变量则为平稳。

表 6-2　ADF 检验

| 变量 | $Z(t)$ | $P$ | 平稳性结论 | 1% | 5% | 10% |
|---|---|---|---|---|---|---|
| $Y_1$ | $-0.272$ | 0.990 1 | 非平稳 | $-4.380$ | $-3.600$ | $-3.240$ |
| $D.Y_{1t}$ | $-4.137$ | 0.005 6 | 平稳 | $-4.380$ | $-3.600$ | $-3.240$ |
| $Y_2$ | $-0.602$ | 0.978 8 | 非平稳 | $-4.380$ | $-3.600$ | $-3.240$ |
| $D.Y_{1t}$ | $-4.248$ | 0.003 8 | 平稳 | $-4.380$ | $-3.600$ | $-3.240$ |
| $OFDI$ | $-2.292$ | 0.438 2 | 非平稳 | $-4.380$ | $-3.600$ | $-3.240$ |
| $D.OFDI_t$ | $-7.607$ | 0.000 0 | 平稳 | $-4.380$ | $-3.600$ | $-3.240$ |
| $AEX$ | $-0.184$ | 0.991 8 | 非平稳 | $-4.380$ | $-3.600$ | $-3.240$ |
| $D.AEX_t$ | $-3.475$ | 0.042 1 | 平稳 | $-4.380$ | $-3.600$ | $-3.240$ |
| $GOV$ | 0.715 | 0.999 9 | 非平稳 | $-4.380$ | $-3.600$ | $-3.240$ |
| $D.GOV_t$ | $-3.593$ | 0.030 5 | 平稳 | $-4.380$ | $-3.600$ | $-3.240$ |
| $AGRGOING$ | $-1.424$ | 0.853 8 | 非平稳 | $-4.380$ | $-3.600$ | $-3.240$ |
| $D.AGRGOING_t$ | $-3.637$ | 0.026 9 | 平稳 | $-4.380$ | $-3.600$ | $-3.240$ |

注：$D.Y_{1t}$ 为 $Y_1$ 的一阶差分，其他类同。

在此基础上，我们对被解释变量和解释变量进行了 Johansen 协整检验，具体结果如表 6-3 所示。表 6-3 结果表明，被解释变量和解释变量及控制变量之间存在一个协整关系，被解释变量和解释变量之间不存在伪回归现象，模型能够准确地算出被解释变量和解释变量之间的关系。

表 6-3　产出结构、就业结构、农业对外直接投资、农业国际贸易与农业"走出去"战略 Johansen 检验结果

| 变量 | rank | 特征值 | 似然比统计值 | 5%临界值 | 迹检验值 |
|---|---|---|---|---|---|
| $Y_1$、$OFDI$、$GOV$ 与 $AGRGOING$ | 0 | — | 94.550 4 | 47.21 | 76.570 6 |
| | 1 | 0.981 9 | 118.619 0 | 29.68 | 28.433 3* |
| | 2 | 0.855 5 | 130.223 9 | 15.41 | 5.223 7 |

（续）

| 变量 | rank | 特征值 | 似然比统计值 | 5%临界值 | 迹检验值 |
|---|---|---|---|---|---|
| $Y_2$、OFDI、GOV 与 AGRGOING | 0 | — | 87.097 0 | 47.21 | 49.056 2 |
| | 1 | 0.867 5 | 99.223 0 | 29.68 | 24.804 3* |
| | 2 | 0.614 8 | 104.947 1 | 15.41 | 13.355 9 |
| $Y_1$、AEX、GOV 与 AGRGOING | 0 | — | 96.837 5 | 47.21 | 91.096 3 |
| | 1 | 0.994 7 | 128.279 9 | 29.68 | 28.211 4* |
| | 2 | 0.829 8 | 138.903 0 | 15.41 | 6.965 3 |
| $Y_2$、AEX、GOV 与 AGRGOING | 0 | — | 87.143 9 | 47.21 | 60.792 1 |
| | 1 | 0.937 3 | 103.757 6 | 29.68 | 27.564 7* |
| | 2 | 0.762 4 | 112.380 3 | 15.41 | 10.319 3 |

注：* 表示在 5%显著水平下拒绝原假设。

## 6.4 实证分析

为准确估计农业国际贸易和农业对外投资对中国产出结构的影响，我们使用 Johansen 的 MLE 方法估计该模型。农业对外投资对中国产出结构和就业结构的影响见表 6-4 和表 6-5，从表中可以看出本文所做模型整体是显著的，说明本文对主要解释变量和控制变量的选取是合理的。

### 6.4.1 农业国际贸易对产出结构和就业结构的影响

农业国际贸易对中国产出结构和就业结构的影响见表 6-4，模型的对数似然函数值足够大，AIC 比较小，说明模型解释力比较强。

从表 6-4 可知，中国农业进出口总额每增加 1%，中国第三产业产出占非农产出比重会提高 0.230%，第三产业就业占非农就业比重会提高 0.320%。一方面是因为农业进出口总额（AEX）可以促进投资母国资本密集型产品出口比重增加，有利于投资母国国内产业结构升级和投资效率的提高；另一方面农业进出口总额（AEX）可以通过第二、第三产业就业人数的调整实现国内较高的就业水平和较优的就业结构。

同时，政府干预程度对产出结构和就业结构的影响系数是负的，这说明政府干预对产出结构和就业结构具有显著负向影响，与地方政府"GDP 竞赛"密切相关，在这种制度环境下政府干预多为资本流入，而非对劳动力的引用，因此，政府干预尽管短期内对经济增长具有显著影响，但长期来看对中国产业结构和就业结构不利，经济增长不可过于强调政府干预，要做到"有为政府＋有为市场"，才能合理促进中国产业结构转型。

农业"走出去"战略对产出结构的影响系数是正的，这说明农业"走出去"战略更多的是体现出市场行为，有利于产业结构的改善，而农业"走出去"战略对就业结构影响不显著，表明农业"走出去"战略尚未充分发挥其真正作用，应继续推动战略才能实现战略的作用。因此，农业"走出去"战略有利于中国产业结构优化。

表 6-4　农业国际贸易对产业结构的影响回归结果

| 变量 | $Y_{1t}$ | $Y_{2t}$ |
| --- | --- | --- |
| 农业进出口总额（$AEX_t$） | 0.230*** | 0.320*** |
| 政府干预程度（$GOV_t$） | −5.088*** | −7.970*** |
| 农业"走出去"战略（$AGRGOING_t$） | 0.024*** | 0.008 |
| 常数项 | −0.109 | −0.078 |
| Log likelihood | 324.179 4 | 301.865 1 |
| AIC | −49.529 9 | −45.810 84 |

注：***、**、* 分别表示在1％、5％和10％的水平上显著。

通过以上分析可知，中国农业国际贸易多为与国际贸易相关的基础设施为代表的第一、第二产业，从而带动了第一、第二产业的发展，在一定程度上削减受援国的出口贸易成本，提高其贸易比较优势，增加对外贸易总额，有利于发展自己国内优势产业，转移劣势产业，最终推进国内产业结构优化升级。而以第二产业为主的贸易有助于中国进口更多种类和更高质量的农产品，有利于农业生产要素向更高效率的部门转移，可以借此转移国内"剩余产品"和"闲置资源"等，优化国内产出结构和就业结构，促进中国经济增长。

因此，假说 H1 成立，即农业国际贸易通过调整出口商品结构和质量，引导劳动和资本等更多生产要素投入到生产效率较高的生产部门，并且农业国际贸易可以为国内企业提供信息和方向指导，带动技术进步和制度创新，从而促进国内产业结构的优化升级。

## 6.4.2　农业对外投资对产出结构和就业结构的影响

农业对外投资对中国产业结构和就业结构的影响见表 6-5，模型的对数似然函数值足够大，AIC 比较小，说明模型解释力比较强。

从表 6-5 可知，农业对外投资对中国产业结构的优化升级有正向促进作用，这种促进作用通过正向影响中国产出结构和就业结构来正向传导。从表 6-5 中可以看出，中国农业对外直接投资每增加 1%，中国第三产业产出占非农产出比重会提高 2.028%，第三产业就业占非农就业比重会提高 0.383%。一方面是因为对外直接投资（OFDI）可以促进投资母国资本密集型产品出口比重增加，有利于投资母国国内产业结构升级和投资效率提高；另一方面对外直接投资（OFDI）可以通过第二、第三产业就业人数的调整实现国内较高的就业水平和较优的就业结构。其他控制变量与上述类似，不再赘述。

**表 6-5　农业对外投资对产业结构的影响回归结果**

| 变量 | $Y_{1t}$ | $Y_{2t}$ |
|---|---|---|
| 农业对外投资（$OFDI_t$） | 2.028*** | 0.383*** |
| 政府干预程度（$GOV_t$） | −10.974*** | −1.548** |
| 农业"走出去"战略（$AGRGOING_t$） | 0.573*** | 0.059*** |
| 常数项 | 1.863 | 0.758 |
| Log likelihood | 343.607 1 | 314.926 4 |
| AIC | −52.767 85 | −47.987 74 |

注：***、**、* 分别表示在 1%、5% 和 10% 的水平上显著。

因此，假说 H2 成立，即农产品对外援助通过改善受援国基础设施条件，增加受援国农产品品类，提高农产品品质，促进受援国生产和出口能力的提升，推进受援国贸易政策的便利化，从而促进中国国内产业结构的优化升级。

## 6.5　结论

农业对外合作不仅有利于其他国家经济发展，对中国经济结构的调整也起着重大作用。本章利用 2003—2016 年农业对外直接投资（OFDI）、农业国际贸易（AEX）和中国产业结构相关数据，就农业对外合作对中国产业结构的影响进行研究，得出如下结论。

结论一，中国农业对外直接投资（OFDI）、农业国际贸易（AEX）、政府干预和农业"走出去"战略与中国产业结构之间存在着协同性，且波动趋势基本一致。

结论二，农业对外直接投资对中国的产业结构升级起到了正向促进作用。验证了改革开放以来中国所实行的鼓励农业对外投资政策对国内产业升级的积极作用，同时表明农业对外直接投资的产业升级效应具有稳定性和持久性。基于农业对外直接投资对国内产业结构升级的重要作用，应进一步优化农业进出口结构、第二和第三产业的就业结构，从而提升国内市场投资产出效率。

结论三，农业进出口贸易对第三产业产出增加值与非农就业产出比值的影响是正向的。说明农业进出口贸易促进了中国产业产出结构和就业结构调整，正向影响中国产业结构的优化升级，这与农产品贸易引起的农业生产要素的流动有关。

结论四，政府干预程度和国家政策等因素都对中国产业结构造成不同程度的影响，因此在开展农业对外合作时，不能过度强调政府干预，但也不应忽视政府的作用。同时，农业"走出去"战略对国内产业结构优化具有长期积极的作用。

结论五，中国对外援助中基础设施援助能改善受援国与国际贸易相关的基础设施，在一定程度上削减受援国的出口贸易成本，提高其贸易比较优势，增加受援国对外贸易总额，有利于发展中国自己国内优势产业，转移劣势产业，最终推进国内产业结构优化升级。技术援助有助于中国进口更多种类和更高质量的农产品，有利于农业生产要素向更高效率的部门转移，可以借此转移国内"剩余产品"和"闲置资源"等，优化国内产业结构和就业结构，促进中国经济增长。贸易政策及管理援助能推进受援国国际贸易的便利化和低成本化，削减贸易壁垒，直接鼓励企业开展对外贸易，为中国开拓了市场，提高中国出口多样化水平和出口总额，促进其经济增长。

# 7  聚龙集团跨国发展案例分析

棕榈是世界上生产效率最高的产油植物，棕榈油则质优价廉，被广泛用于烹饪和食品制造行业。21 世纪以来，棕榈油成为全球流通量最大的油脂产品，中国由于缺乏种植油棕的自然条件，棕榈油完全依赖进口，只能被动接受市场价格。为了扭转中国在棕榈油市场的不利地位，国内棕榈油企业开始将目光投向国际市场，天津聚龙嘉华投资集团有限公司（简称聚龙集团）便是其中一员。作为率先跨出国门的民营油脂企业，聚龙集团已经在海外经营了 8 年，积累了丰富的行业经验。

## 7.1  跨国发展历程

2005 年下半年，聚龙集团派出团队赴东南亚进行为期 1 年的考察，最终选择了印度尼西亚作为跨国发展的第一站。

2006 年，聚龙集团与印度尼西亚 GRAHA 公司合作建立了龙威棕榈种植（印度尼西亚）有限公司，持股 95%，并于当年在印度尼西亚加里曼丹岛投资建设了第一个棕榈种植园。2009 年，海外棕榈园产出首批棕榈果，聚龙集团实现了原材料的海外自给。2010 年，聚龙集团斥资 9 958 万美元收购印度尼西亚普特拉公司 95% 的股份，2011 年投入 1.35 亿美元收购印度尼西亚帕米娜公司 95% 的股份，并利用这两家公司陆续开发当地棕榈种植园及储备用地近 15 万公顷。2011 年年底，聚龙集团建成首个境外棕榈油压榨工厂，拥有了完整的原料供应能力。2012 年，聚龙集团全额收购新加坡全球动态投资有限公司，把粮油贸易和金融相关业务拓展到新加坡和马来西亚。2013 年 2 月，聚龙集团在印度尼西亚创立了自有品牌小包装棕榈油 OilKu，自此聚龙产品正式进入印度尼西亚市场。经过 8 年多的经营，聚龙集团在东南亚的海外事业已经进入成熟期，已有 8 000 余名海外员工，超过了总员工数的 80%；在印度尼西亚陆续开发了 20 万公顷的油棕种植基地，年产果近 30 万吨；建设了 3 个压榨厂，毛油初加工能力达到 100 万吨；另有 2 处河港物流仓储基地和 1 处海港深加工基地。2014 年，聚龙集团启动了非洲业务，在利比里亚、加纳、喀麦隆、肯尼亚、南非等地已经建立了办事机构，现已经开始在当地建设农业综合产业园区。截至目前，聚龙集团有12家成员企业，其中境外子公司4家（表7-1）。这些子公司均在遵循集团统一制度的前提下，根据自身产业特征，自成体系进行管理，拥有完善的法人治理结构和经营管理团队，集团通过财务控股形式对子公司进行管理。

表 7-1　聚龙集团的境外子公司

| 公司名称 | 持股比例 | 注册年份 | 主营业务 |
| --- | --- | --- | --- |
| 龙威棕榈种植（印度尼西亚）有限公司 | 95% | 2006 | 种植园开发及油棕种植 |
| 普特拉有限公司 | 95% | 2010 | 油棕种植及油料加工 |
| 帕米娜有限公司 | 95% | 2011 | 油棕种植及油料加工 |
| 新加坡惠中国际投资有限公司 | 100% | 2012 | 贸易、投资 |

资料来源：作者调研所得。

# 7.2　主要做法成效

（1）**建立了稳定的原材料供应基地。**聚龙集团原先没有属于自己的原材料供应基地，只能被动接受国际棕榈油价格，要想规避价格剧烈波动及供应商恶意提价带来的损失，就必须拥有稳定的原材料来源。目前聚龙集团已在印度尼西亚陆续开发了20万公顷的油棕种植园，建设了3个压榨厂，在印度尼西亚毛油年产出量超过了5万吨，实现了原料的完全自产，聚龙集团也因此从老牌棕榈油供应商手中抢得了一定份额的进口棕榈油定价权，为企业持续发展提供了有力保障。

（2）**实现了全产业链经营。**聚龙集团原先是工贸型油脂企业，利润点较为单一，集中在棕榈油贸易上。在东南亚地区的棕榈园种植和原油初榨业务补充了聚龙集团原先薄弱的上游产业，增加了新的利润来源，使其成为了现阶段国内唯一的全产业链棕榈油企业。

（3）**产品打入海外市场。**聚龙集团在进行资源开发利用的同时，也逐步打开了海外市场。聚龙集团在印度尼西亚创立的自有品牌小包装棕榈油 OilKu 一进入市场，当年销量就超过了2.8万吨，并随着聚龙集团在非洲的投资进入了当地市场。此外，聚龙集团还在印度尼西亚建立了生产基地，依托当地发达的海运条件，将大宗原料油销往世界各地。

聚龙集团原先是在通过其他贸易商购买原油，由于生产规模不断扩大，为了降低成本，开始从国外直接进口，目前聚龙集团每年需从供应商手中进口棕榈原油近 200 万吨。粮油属于大宗敏感商品，价格易受大型跨国公司的操控而产生波动，给企业带来巨大的成本风险。聚龙集团为了降低生产成本，提高自身竞争力，就必须拥有稳定的原材料来源。

国内自然条件不适宜种植棕榈，长期以来，棕榈油完全依赖进口。1995—2013年，中国棕榈油进口规模从 9.2 亿美元激增至 49.6 亿美元，2011 年和 2012年还曾超过 65 亿美元，稳居中国各类食用油进口规模的第一位。印度尼西亚和马来西亚农业资源丰富，自然条件适合棕榈生长，目前两国棕榈产量合计占世界总产量 85% 以上。因此，聚龙集团优先考虑将其作为稳定原材料来源地，并进行棕榈园投资开发。

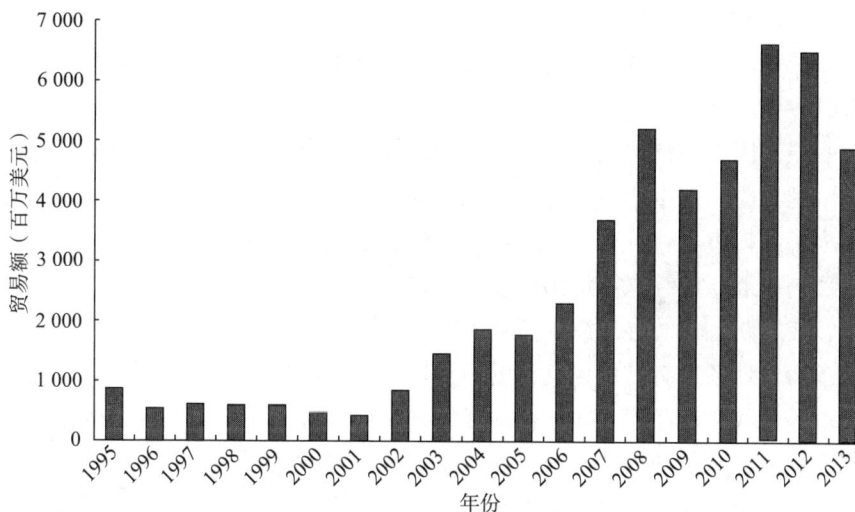

图 7-1　中国棕榈油进口规模（1995—2013 年）

资料来源：中国海关数据库

聚龙集团实现向工贸型企业转型后，产能迅速提高，但由于原料油进口不足，工厂使用率仍处于较低水平（表 7-2）。目前聚龙集团油脂年经营总量约为 220 万吨，为了保证经营规模，聚龙集团只能大量进口精炼油，迫使经营成本上涨。

表 7-2　聚龙集团棕榈油生产情况

单位：吨/日，%

| 生产线 | 分提能力 | 精炼能力 | 使用率 |
|---|---|---|---|
| 天津一期工厂 | 600 | 600 | 停产改造 |

（续）

| 生产线 | 分提能力 | 精炼能力 | 使用率 |
|---|---|---|---|
| 天津二期工厂 | 1 000 | 600 | 50 |
| 天津三期工厂 | 3 000 | 1 000 | 50 |
| 靖江生产基地 | 3 600 | 2 400 | 60 |

资料来源：作者调研所得。

棕榈油产业链中，原料供应环节的利润最多，占到整个产业链的 2/3，越往下游，利润越少。以世界最大粮食、食用油及农产品供应商、贸易商之一的丰益集团为例，其上游种植的利润率为 20%～30%，而聚龙集团利润点主要集中在粮油贸易，利润率不到 5%。因此，想要提高利润，必须把利润的中心由成品油贸易转移到原材料供应。聚龙集团在棕榈海外产地附近建立生产工厂，布局仓库和运输队，一方面能够满足自身生产需要；另一方面也能转变为原料供应商，攫取这一环节的利润。

受限于国人的食用油消费习惯，国内棕榈油市场并不广阔，目前已趋于饱和，聚龙集团虽是本土棕榈油领军企业，但在食用油领域发展空间却十分有限。为了开拓市场，公司于 2007 年在华北地区销售小包装棕榈食用油，然而市场反响一般，最终只能退出市场。小包装棕榈食用油营销战略的失败，促使公司转变思路，开始寻求海外市场。

东南亚地区素有食用棕榈油的习惯，且原料油价格较国内更低，小包装食用油市场广阔。近年来，印度尼西亚和马来西亚分别用关税和配额等手段限制本国企业大宗原料油出口，但对外资企业限制较少。因此，聚龙集团在东南亚地区进行投资，既能将自己的小包装食用油打入当地市场，也可以直接将生产的原料油销售到其他国家。

# 7.3　聚龙集团跨国发展的经验

## 7.3.1　因地制宜调整管理模式

印度尼西亚当地多民族混居，宗教信仰和风俗习惯存在显著差异，为了减少由此给投资造成的阻碍，聚龙集团因地制宜调整了境外企业的管理模式。在部门结构上，设立了专门负责印度尼西亚区经济文化研究的环境部，并时常主动走访各个村庄的长老，加强联系；在员工结构上，除了技术人员外，基层管理者与园区工人基本是印度尼西亚当地人；在工作环境方面，在每个种植园中建立了清真寺及教堂，按照祷告时间和宗教节假日制定作息时间及分工。尊重东道国社会、宗教习俗的管理模式减少了企业与东道国政府、民众之间的摩擦，帮助其在东道国树立起较好的口碑，产品也顺利进入当地市场。

## 7.3.2 通过套期保值规避风险

由于国际粮油价格持续波动，聚龙集团很早就开始利用期货套期保值以规避价格风险，而这也成了保障聚龙集团境外投资顺利开展的重要部分。2007年，公司成立以宏观经济研究与商品期货为核心的研究院，开始进行期货操作。2012年，集团收购新加坡全球动态投资有限公司100％股权，在东南亚地区开展粮油贸易和金融业务，将自己擅长的期货业务纳入整个海外发展战略中。由于聚龙集团拥有原料供应能力，可以直接在棕榈产地获取生产和交易信息，促进了聚龙集团期货业务的发展。

目前在聚龙集团总部参与宏观经济研究、粮油期货保值等金融业务的相关人员占总部员工数量的30％以上，期货业务已经成为聚龙集团规避原材料价格风险的重要手段。

## 7.3.3 充分争取资金支持

充足的资金是企业维持境外经营必不可少的条件之一，农业企业融资能力直接关系到其对外直接投资是否能够顺利开展。限于政策条件，聚龙集团获得的财政支持相对较少，其现有资产的贷款抵押能力相对有限，因此需要充分争取各种可获得的资金支持。国家开发银行专门制定了国家开发性金融支持企业境外棕榈种植开发的战略规划，聚龙集团将企业小战略与国家大战略相结合，遵循国家大政方针，率先实施棕榈油产业"走出去"，得到了国家开发银行的重点支持，现已累计获得国家开发银行海外投资项目贷款2亿多美元。聚龙集团用这些资金开发了在印度尼西亚的首个棕榈种植园，收购了GRAHA、普特拉及新加坡全球动态投资三家境外企业（表7-3）。可见，国家的适时扶持有效缓解了农业企业境外投资开发面临的资金压力，助力企业顺利而稳妥地"走出去"。

### 表 7-3　聚龙集团海外投资融资信贷情况

单位：万美元

| 项目名称 | 合作方 | 年份 | 资金总额 | 外汇贷款金额 |
| --- | --- | --- | --- | --- |
| 收购印度尼西亚 PT.GRAHAINTIJAYA 公司 95％股份并开发 1.2 万公顷棕榈种植园项目 | 国家开发银行 | 2006 | 9 651.31 | 4 530 |

（续）

| 项目名称 | 合作方 | 年份 | 资金总额 | 外汇贷款金额 |
|---|---|---|---|---|
| 收购印度尼西亚 PT. PUTRABANGUNBERSSMA 公司 95% 股权并增资开发 1 万公顷棕榈种植园 项目 | 国家开发银行 | 2010 | 9 958 | 7 800 |
| 收购新加坡全球动态投资股份有限公司 100% 股 权项目 | 国家开发银行 | 2012 | 5 000 | 2 500 |

# 7.4 聚龙集团跨国发展面临的挑战

## 7.4.1 资金链负担较重

在对外直接投资过程中，聚龙集团需要在当地进行厂房和基础设施建设，还要购买农机设备等，这些投入会造成沉重的资金链负担。目前聚龙集团境外投资已超过 10 亿美元，除通过进出口银行项目贷款获得资金外，其余投资全部是自己筹措。限于自身资产规模和民营企业身份，聚龙集团的融资能力还无法和一些大型国企相比。近年聚龙集团在印度尼西亚的棕榈园种植和精炼工厂建设情况不及预期的乐观，暂时也无力对东道国老牌企业进行并购，补充自己的薄弱环节。显然，如果聚龙集团后续融资能力得不到增强，将很难实现预期的投资目标。

## 7.4.2 产业链布局存在隐患

聚龙集团在制订海外投资计划时，没有充分考虑提前布局产业链下游，而是将精力集中在上游种植园的开发，虽然帮助其快速完成了补充上游产业链的目标，但也带来了较重的资金负担。聚龙集团在开发前期未能布局自己擅长的油料贸易业务，因此直至 2011 年棕榈实现自产后才在境外有盈利。2013 年，集团境外营业收入为 4 000 余万美元，约占全年营业收入的 2%，境外经营的经济效益无法与国内相提并论。就聚龙集团目前在境外的产业布局来看，尽管棕榈产业链上游利润丰富，但没有物流和仓储环节的支撑，后续的投入仍然会给自身资金链带来较大压力。此外，聚龙集团还要面对自己在境外其他产业环节上较为薄弱的问题，这些都会影响下阶段投资目标的实现。

### 7.4.3 投资新环境不理想

聚龙集团已将目光投向了同样自然资源丰富的非洲地区，但并没有取得想象中的成功，进展也不如在东南亚地区顺利。当地不理想的投资环境给聚龙集团的投资绩效带来负面影响。聚龙集团对非洲地区的投资进展缓慢，主要有两个原因：一方面当地华人较少，人文环境与国内完全不同，增加了沟通成本；另一方面，聚龙集团在当地投资初期遭遇了埃博拉病毒的冲击，不得不暂缓投资，阻碍了预期目标的实现。此外，非洲地区战乱频发，政府更迭速度快，这也会给聚龙集团的后续投资带来风险。

# 7.5 对中国油脂企业"走出去"的启示

启示一：根据主营油种进行境外产业链布局。境外投资的产业布局对企业投资回收周期和可持续发展有着重要影响，为了减少投资过程中出现的资金压力，油企应该根据自己的主营油种合理布局境外产业链。聚龙集团原先主要的利润来源是棕榈油贸易，而棕榈油产业的核心利润点在原料供应。因此，聚龙集团在进行投资布局时，可以优先开拓自己擅长的贸易业务和后续利润丰厚的棕榈园种植开发，并逐步完善其他环节。经营其他油种的企业也应将目光放在本油种利润点最丰厚的产业链环节，如大豆油企业可以集中布局仓储和物流环节，减少因盲目投资造成的损失。

启示二：采用期货手段加强自身风险抵御能力。面对激烈的国际竞争和国际粮油价格的剧烈波动，油企的跨国发展需要运用多种避险工具分担市场风险，期货市场价格发现和规避风险的功能正好可以满足这一要求。聚龙集团是国内较早开展期货操盘的油企之一，建立了专门的期货研究所，还把期货业务延伸到东南亚地区，从单一的规避价格风险逐渐发展成原材料采购的方式，为企业节约了经营成本。目前国内多数油企并没有合理地利用期货市场规避风险，主要是管理者对期货市场不够了解。要解决这个问题，政府应给企业进行期货知识的普及与推广，企业管理者也应主动通过各种渠道了解期货知识，敢于尝试，加强自身抵御风险的能力。

启示三：紧跟国家战略，争取更多支持。油脂行业是一个高资金需求、低毛利和价格弹性小的行业，境外投资需要较大的资金投入，仅靠企业自筹会给资金链带来很大压力，因此需要争取更多的外界支持。目前，国家开发银行和进出口银行有专门针对油料作物境外种植开发的贷款项目，农业农村部和商务部也有针对企业对外投资合作的专项资金，企业应该密切关注这些项目，积极申报，主动将自身发展战略向国家大战略靠拢，争取获得财政拨款或者贷款融资，减轻自身资金压力。此外，国内已经有了一些专门针对境外投资合作的协会组织，有意向进行境外投资的油企可以根据自身情况选择性加入这些协会，以获取更多的投资信息等支持。

# 8 农垦企业对外合作案例分析

农垦企业是中国农业"走出去"领域一支重要力量，发挥着示范引领和排头兵的作用。经过多年探索，农垦企业在推进农业"走出去"方面形成了一些工作模式、创建了一些防范机制。认真总结、分析农垦农业"走出去"发展模式、梳理农垦企业对外投资中的风险防范机制，对于利用好两个市场、两种资源具有重要意义。

## 8.1 典型垦区"走出去"现状

### 8.1.1 黑龙江农垦

20世纪90年代初期，黑龙江农垦开始实施"走出去"战略。基于地缘优势，"走出去"项目最初主要集中在俄罗斯，并以种植业生产为主。2000年中国-俄罗斯战略伙伴关系形成，中俄项目进入快速发展期，同时垦区"走出去"范围也逐步向朝鲜、菲律宾、巴西等国发展。到2013年年底，黑龙江农垦已在23个国家和地区开展了对外投资合作业务，境外农业合作开发土地面积400万亩、其中种植面积325万亩，累计生产粮豆181万吨、返销43.6万吨，累计投资22.5亿元、产值23.9亿元、利润2.4亿元。在推进"走出去"项目实施进程中，黑龙江农垦立足自身优势，基本形成了以种植为切入点，逐步向加工、物流、贸易拓展的发展模式，以各级商务部门协调、国内农场或龙头企业服务、境外分公司管理、家庭农场自主经营的运行模式。主要有以下三种具体形式。

一是境外租地种植模式。主要运作方式是：境外承包土地种植＋多渠道销售产品。具体做法是：国内大农场和家庭小农场依靠自身力量走出国门承包土地，生产出来的产品根据市场行情或在海外销售，或返销国内。黑龙江垦区采用此种模式的农场或企业主要有：宝泉岭管理局所属远东农业开发有限公司在俄共租种土地13万亩；建三江管理局洪河农场所属东方龙健有限责任公司在俄租种土地20万亩；红兴隆管理局所属饶河农场、曙光农场在俄租种土地13

万亩；绥化管理局所属乌尔米有限责任公司在俄租种土地 8 万亩等。以上这些境外基地生产的农产品大都在俄罗斯直接销售，收入归家庭农场所有，组织方式较为松散，黑龙江农垦总局、各管理局、农场参与程度较低。近年来，北大荒丰缘麦业在此基础上充分发挥龙头企业组织化、规模化、集约化优势，在打造境内外全产业链互补发展格局方面取得了较好效果。该企业自 2011 年起，在澳大利亚共购买土地 52 万亩、租赁土地 70 万亩，主要种植小麦、大麦、油菜等与国内产业相关的作物，当国际小麦价格较高时，直接将小麦在国际市场出售，资金反补国内麦业加工产业；当国际小麦价格走低时，将小麦运回国内加工，以中高端加工品形式获取更高利润，反哺境外基地。二是境外代耕代种模式。主要运作方式是：代种境外土地并约定产量＋获取固定回报。具体做法是：国内企业与"走出去"目标国签订土地承包租赁协议后，委托黑龙江垦区某个农场或企业负责土地开发、种植工作，产品归委托方，我方赚取劳务收入。黑龙江垦区采用此种模式的农场或企业主要有：红兴隆管理局所属曙光农场与中信电子有限责任公司合作，分包安哥拉项目的农业种植部分，农场派出了管理、技术、生产方面的人员负责土地开发与农业种植工作，从中获取劳务收入；中信电子则是负责全部的生产投入，从中获取产品销售收入。双鸭山农场与湖北万宝粮油有限公司合作，负责代耕万宝公司在莫桑比克 10 万亩土地，共有 57 名职工通过承包代耕代种任务获取劳务费，生产出来的产品全部归万宝公司所有。三是境外贸易带动模式。主要运作方式是：贸易先行＋加工物流跟进。具体做法是：农垦"走出去"企业在境外先设立贸易公司，对境外行业信息有一定了解后，带动发展投资加工、物流业等，逐步形成境内外产业联动的发展格局。这种模式可在一定程度上规避境内外信息不对称等问题，可降低海外投资风险。目前黑龙江垦区所属九三粮油工业集团、北大荒商贸集团、北大荒马铃薯集团等龙头企业都基本上按照这个思路推进"走出去"工作。其中，九三粮油工业集团已先后在巴西、美国、马来西亚和中国香港等国家和地区设立了 4 家公司，主要业务是与国际粮商开展农产品贸易及融资。下一步九三油脂集团将重点投资港口码头并购和仓储物流建设等项目，目前已在大豆生产地重点关注 4 个项目，一旦完成并购将在赢得国际市场大豆出口和定价权方面获取更多优势。北大荒商贸集团则在香港特区成立了 3 个贸易公司，开展贸易融资活动，建设物流配送体系，努力打造北大荒优质安全农产品海外配送物流体系。北大荒马铃薯集团则是首先通过进口泰国、越南木薯淀粉，了解掌握东南亚国家木薯行业相关信息；再与泰国联兴公司和泉兴公司合资注册成立

"北大荒联兴淀粉有限公司"，收购泰国一家年产 6 万吨木薯淀粉加工厂，在此基础上建设年产 30 万吨木薯淀粉、20 万吨酒精、20 万吨乙酸乙酯的加工项目。另外，北大荒丰缘麦业有限责任公司也计划在澳大利亚奥尔巴尼港口投资建设一个年吞吐能力为 300 万吨的泊位，为不断拓展海外项目发展空间提供基础保障。

## 8.1.2　安徽农垦

2010 年，安徽农垦开始大力实施农业"走出去"战略，与津巴布韦国防部合作成立"皖津公司"，在津巴布韦进行 50 万公顷土地的农业开发。截至 2013 年年底，安徽农垦已接管当地农场 7 个，投资 1 300 万美元，开发土地面积 15 万亩，主要种植玉米、大豆、小麦、烟叶等农作物。项目实现了"一年亏损、两年平衡、三年盈利"的预期发展目标。

从模式上看，安徽农垦"走出去"可概括为"抱团出海"发展模式。在皖津项目取得良好开局后，安徽农垦积极响应省政府提出的组建"四大联盟"战略指示，于 2013 年牵头成立了"皖企赴津巴布韦合作开发联盟"，制定实施了《联盟章程》《赴津投资企业管理办法》等多项制度，目前已有 37 家单位加入联盟并成为了会员单位。安徽农垦利用皖津联盟这一平台，为皖企走进津巴布韦提供一站式服务，实现企业间信息、资源、服务共享，有效提升了"走出去"的组织化程度、降低了企业成本、提升了效益和风险防控能力。

皖津联盟为会员单位提供的服务主要包括：一是规避津巴布韦《本土化法》对外资企业的限制。按照津巴布韦法律规定，外国公司在津投资控股不能超过 49％。经过安徽农垦与津方多次艰难谈判，最终突破了津国本土化法的限制，合资公司股权比例按 50％设置、利润平分；新加入的联盟成员每年只需向皖津公司交纳 10 万～15 万美元/年的管理费，利润不分红。二是为加盟企业提供津方相关法律、信息，代表加盟企业同津方谈判。三是帮助加盟企业办理赴津各种手续。"皖企赴津巴布韦合作开发联盟"的建立，不仅减少了国内企业在津投资盲目性，也有效避免了国内企业在外恶性竞争，最大程度保证了国内企业利益。2013 年已有 3 家国内企业通过皖津平台到津巴布韦投资建材生产、食品加工和物流运输等行业，投资额达 1 700 万美元。在 2014 年 6 月联盟会员大会暨项目推介会上，又有安徽大学孔子学院、安徽农业大学联合培养研究生、安徽国际农产品加工贸易、天瑞公司木材加工等 4 个项目正式签订了投资协议。

# 8.2 农垦企业"走出去"的主要做法

**（1）强化前期调研，做到心中有数。** 企业"走出去"离不开对国外法律法规、产业政策、经济发展等情况的深入研究。安徽农垦在"走出去"过程中非常注重对中津两国文化差异和津巴布韦本土化策略、法律、安全风险防控措施的了解和研究，立项之初通过开展深入细致的调研和论证，确定了风险防控关键环节，努力将风险防控措施贯穿于项目实施全过程。黑龙江新友谊农场对俄罗斯投资也是采取先和华信集团合作，逐步了解俄罗斯及其所在州政治、经济、文化现状后，再加大力度推进实施自主承包和经营，有效降低了项目实施风险。

**（2）科学制定规划，规避投资风险。** 安徽农垦根据《津巴布韦共和国国防部与中华人民共和国安徽省商务厅经贸合作谅解备忘录》内容，与津巴布韦国防部签署了《农业合作意向书》和《合资经营合同》，成立了皖津农业发展有限公司。为做好 50 万公顷土地的农业合作开发工作，安徽农垦组织制定了《2010—2017 年中津项目发展规划》，明确发展思路、工作重点、实施步骤和保障措施，力争以规划为指导，科学推进项目建设各项工作。黑龙江农垦总局组织制定了《"十三五"黑龙江垦区"走出去"农业境外开发发展规划》，部分"走出去"企业也结合自身实际制定了项目发展规划。其中，黑龙江新友谊农场确立了"三步走"发展战略，以"先代耕再开发、先做强再做大、先种植再加工、先市场再流通"为基本思路，实现"开发布局规模化、国际化，生产方式机械化、工厂化，经营机制市场化、公司化"的发展目标。

**（3）选择适宜模式，降低投资成本。** 农业"走出去"模式直接关系到海外项目后续操作难易程度。为规避中国国企海外投资政治风险和不利身份，黑龙江垦区不少企业都选择了在中国香港特别行政区成立境外机构，再以港企身份进入目标国进行投资。九三粮油工业集团为了避免由于信息不对称导致的决策失误，采取了先成立海外机构、后开展投资活动的投资模式。通过设立海外子公司了解当地环境、收集行业信息、积累经营、储备人才，为投资做好准备。北大荒种业集团通过合资、合作模式进入菲律宾，与国际水稻研究所和菲律宾国家水稻研究所进行合作，共同开展水稻新品种研发、试验示范和技术推广等工作，有效推动了境外水稻产业发展进程。

**（4）找准合作伙伴，减少运行成本。** 良好的合作伙伴不仅能够降低海外项目投资和运行风险，还能在合作中学到先进技术和管理经验。安徽农垦选择津巴布韦国防部作为合作对象，主要出发点是国防部在该国职能广、权力大，具有协调各部门的能力；虽然该国也有农业部，但由于职能所限，无法帮助境外企业规避项目启动后的各种风险。北大荒马铃薯集团在泰国投资，选择的泉兴和联兴公司都是泰国木薯行业内的领军企业。北大荒商贸集团和九三粮油工业集团也都是选择业内具有强大实力和经验的跨国企业开展合作，学习经验、分散风险。

**（5）完善防范机制，防止内部风险。**良好的管理制度和风险防控机制可以减少境外经营环境复杂性、财务风险多样性、管理环境差异性给企业带来的各类风险。安徽农垦从一开始就将境外企业资产作为对外投资管控的首要目标，先后制定了对津投资项目财务资产管理办法、信息沟通管理办法、外派人员管理办法、经营者经营业绩考核暂行办法、物资采购操作细则等制度文件并严格实施，以加强并不断优化对境外投资安全的管理。通过制度建设，实现激励约束并举，有效释放了公司经营人员的活力。

**（6）坚持本土化策略，规避社会风险。**实施本土化战略，是解决"走出去"企业境外劳动力不足和实现快速融入当地社会的有效途径。九三粮油工业集团在南美积极实行品牌本地化，充分发挥当地合作伙伴的作用，强化合资企业在生产、经营、运输、分销等领域的辐射渗透作用，提升企业在当地的影响力和控制力。安徽农垦在津坚持本土化员工战略，尊重当地风俗习惯，努力促进文化融合，直接为当地解决就业 600 多人次，依托农业生产培训了一批农机、农技技术人才，并与当地大学联合设立了农业生产实习基地；生产所需的生产资料、机械设备及各种配件尽量就地采购，大型维修工程外包当地企业，为推动当地经济发展发挥了积极作用。同时，安徽农垦积极参加援助周边小学、承办中国政府援外医疗等活动，履行企业社会责任，获得了当地各界人士的广泛美誉。

## 8.3  农垦企业"走出去"中面临的主要风险及存在的困难

**（1）"走出去"企业面临较大的政治风险。**农业"走出去"面临的最大风险和挑战来自政治风险，企业很难抵御。据北大荒种业集团反映，在阿罗约政权时期菲律宾与中国非常友好，企业在菲成立北大荒（菲律宾）农业投资股份有限公司、开展农业试验示范等项目建设都十分顺利，菲方也给予了较高评价。后由于黄岩岛事件等问题，企业境外扩大生产经营规划受到较大影响，目前发展一直较为缓慢。另外，北大荒种业集团于2012年12月在乌克兰首都基辅市注册成立了北大荒（乌克兰）农业投资股份有限公司，计划开展土地综合开发、农业科技合作、种子经营和国际贸易等业务。但由于乌方政局动荡，目前北大荒种业集团在乌所有工作都处于停滞状态。这两项投资由于目标国政局变动给"走出去"企业造成了极大的影响。据黑龙江农垦在俄企业反映，俄罗斯农业对外投资政策的不稳定性，也增加了外资企业在俄投资风险，影响了投资信心。自2015年1月1日起，俄罗斯将对外国劳工实行"准入"，除俄罗斯联邦政府认可的高等专业技术人才外，前往俄罗斯务工的外来人员必须通过俄语、俄罗斯历史及法律基础知识三门考试，否则将不予签发劳务签证。这一政策的实施将会给赴俄罗斯境外农业生产带来很大影响。安徽农垦在津巴布韦的农业合作开发也同样面临潜在的政局风险。

**(2)"走出去"企业面临较大的汇率风险。**黑龙江农垦、安徽农垦"走出去"主要以拉美和非洲等发展中国家居多，这些国家经济落后、通货膨胀严重、汇率风险大。据北大荒商贸集团反映，2013年委内瑞拉通货膨胀率达到56%，2013年9月1美元合30玻利瓦尔，两个月后1美元就能换60玻利瓦尔。如不采取合理措施进行规避，企业的损失将是巨大的。安徽农垦在津项目也面临当地严重的通货膨胀，目前津巴布韦央行已放弃本国货币，用美元作为国内流通货币，"走出去"企业同样面临着美元输入性通货膨胀的影响。

**(3)"走出去"企业面临较大的投资压力。**黑龙江农垦把俄罗斯远东地区作为主要的"走出去"目标地，当地地荒人稀，自然条件恶劣，没有足够的气象资料积累，难以做到科学规避自然风险。另外，由于当地普遍缺乏水利灌溉设施和粮食烘干设备，企业开垦成本和基础设施投资压力相当大。安徽农垦津巴布韦项目也存在电力灌溉等基础设施落后、仓储加工等设施不足等问题，造成了原粮加工能力不足，收获后只能尽快销售，无法通过仓储加工等环节获取较高利润。这些问题都在一定程度上影响了企业加大投资、扩大规模的速度。

**(4)"走出去"企业缺少国家强有力的支持。**调研中企业普遍反映：虽然近年来关于农业"走出去"的调研很多，但国家始终没有出台实实在在的支持政策。企业反映的问题主要表现在：一是前期的考察调研、境外基础设施建设缺少补贴和资金投入，境外产品回运缺乏政策支持，国内的惠农政策延伸不到境外农业合作开发项目。二是国内金融机构对农业"走出去"企业贷款条件要求较高、期限较短、利息还远远高于国外融资成本。据黑龙江垦区企业反映，目前国内贷款利息一般为 $5\%\sim8\%$，而国外融资成本基本就在 $3\%$ 左右；且目前很多不发达国家没有国内银行分支机构，境外企业在资金往来、业务结算、股利汇回等方面都存在较多困难。三是在保险政策方面，中国目前还没有制定针对农业对外投资的保险险种。四是在税收政策方面，中国目前也没有制定针对"走出去"企业产品回运的鼓励性政策，增加了企业"走出去"成本，影响了"走出去"积极性。

**（5）政府服务农业"走出去"的水平有待提升。**主要表现在：一是审批程序较复杂。据企业反映，农业"走出去"项目审批非常复杂，项目管理权限分布在多个行政部门，多头管理、沟通不畅等问题导致了项目审批程序繁多、耗时较长、延误商机。特别是当出现突发事件时，难以做到及时有效应对。二是信息服务不到位。目前中国对涉外企业的信息服务还远远满足不了企业的需求，信息来源基本上靠企业自身搜集，企业非常需要的诸如投资国市场信息、法律分析、资源状况、风土人情等信息没有权威来源渠道，"走出去"企业间也缺乏互相沟通交流的渠道。三是部分管理制度难以适应企业"走出去"的要求。如现行外汇管理制度报批手续需 20 个工作日才能完成；对人员的出境手续也有严格限制，审批制度烦琐且耗时较长；海外农业基地所需的种子、农药、化肥、农机等物资和设备办理出关手续烦琐，有些农作物如水稻杂交种不让出关，一定程度上影响了境外基地的正常生产。

**（6）"走出去"企业自身竞争力有待进一步提升。**企业是农业"走出去"的主体，目前农垦"走出去"企业普遍存在规模小、投资能力弱、缺乏必要的技术支撑体系、国际化复合型人才储备不足、竞争能力弱等问题。在此次调研中我们也深深体会到，目前黑龙江、安徽"走出去"还主要集中在种植、养殖等劳动密集型行业，仅有少数企业涉足加工、物流、仓储领域，投资效益普遍不高。另外，由于企业自身实力和利用"外脑"的能力都略显不足，对境外项目选择、风险评估、投资运作等方面都有较大影响。据九三粮油工业集团反映：企业在"走出去"方面缺乏专业性管理和技术人才，出于对成本的考虑，在海外投资活动中也很少借助外部财务顾问或咨询公司的力量来完成项目评估和投资方案设计工作，在项目选择和风险评估上存在潜在风险，已有项目实施进程也显得较为缓慢。

# 8.4 农垦农业"走出去"未来发展的思考

黑龙江农垦是中国农垦"走出去"企业中规模较大、起步较早的垦区之一。但从当前发展现状看，仍存在不少问题，主要表现为以下几方面问题：一是缺乏总体规划。黑龙江农垦总局、分局层面都缺乏统一科学的战略规划，没有明确实现"域外垦区"战略目标的具体思路、目标和措施。具体到每个"走出去"项目，基本都是靠企业自身能力推动发展，缺少垦区统一的支持与指导。由于各个企业实力、能力差距较大，黑龙江垦区境外企业整体投资效益低、发展速度较慢，难以形成较强竞争力。此次在与黑龙江垦区"走出去"企业座谈时，不少企业对此也颇有微词。二是缺乏综合协调。由于黑龙江垦区"走出去"企业投资地域和领域具有较高集中度，企业间、垦区间无序竞争现象时有发生，缺乏一个沟通协调机制来平衡企业间的利益关系。三是合作层次低。受政策、资金、技术等因素影响，目前黑龙江垦区对俄合作项目主要集中在种养殖领域，没有形成产业链条。多数产品以"原字号"进入当地市场，价格波动大，时常会出现丰收却不盈利、受灾得不到补偿的现象。鉴于以上情况，我们认为：未来黑龙江农垦"走出去"应该在统一协调、资源整合上下功夫，依托现有发展基础和优势，在总局层面组建"走出去"工作领导小组、搭建沟通协调平台、制定规划、明确目标，打造总局、分局、企业、境外农场间良好的沟通、协调机制，统筹国家、垦区和企业间不同发展需求，发挥农垦优势抱团发展、互利共赢，努力构建国有大农业全产业链境外开发新模式，打造国家海外粮食生产、仓储、加工、物流基地，在国际粮食贸易中发挥主力军作用。安徽农垦虽然"走出去"时间晚、规模小，但已建立起了良好的工作基础和运作机制。我们认为：未来安徽农垦"走出去"应继续按照"走出去"联盟形式，坚持互利共赢基本原则，按照"一业为主、多种经营、分步实施、抱团开发"的发展思路，发展领域上在巩固扩大种植业基础上，重点向加工、仓储、物流等领域拓展；发展模式上要以援非为主要切入点，积极争取国家政策和资金支持，努力扩大安徽农垦在非洲的影响力、贡献力和竞争力。

# 9 中国农业发展集团有限公司对外农业投资

## 9.1 企业基本情况

中国农业发展集团有限公司（简称中国农发集团）于 2004 年 10 月组建成立，并于 2011 年 1 月按照《中华人民共和国公司法》改制更名，系国务院国有资产监督管理委员会直接管理的唯一一家大型综合性农业类中央企业，是中国农牧渔业"走出去"发展、国家动物疫病防控等领域的龙头企业，在中国农业产业领域，较好地发挥了中央企业应有的影响力和带动力，具有不可替代的特殊地位和作用。集团拥有全资及控股子公司 17 家，上市公司 3 家，业务遍及全国各省（自治区、直辖市），在世界 40 多个国家（地区）建立了分支机构或基地，与 80 多个国家（地区）保持经贸往来。

中国农发集团作为国有独资公司，对外开展国际合作，开发国外农业、渔业资源；对内参与农业产业化，服务"三农"，在农业领域发挥着重要的影响和带动作用。中国农发集团主要有三大核心主业领域：以大型工业化远洋捕捞、国际农业资源开发为主体的战略性资源开发，以高科技生物疫苗、兽药等为主体的动物疫病防控产品的研发、生产、销售，以现代种业、农业保险和农业国际贸易为主体的"三农"服务产业；同时发展与核心业务相关的其他配套产业，如柴油机制造和港口建设等。

## 9.2 对外投资基本情况及生产经营状况

中国农发集团农业对外投资主要涉及远洋渔业、农业种植业、农产品加工、农产品贸易等领域。以下为重点投资项目情况：

### 9.2.1 远洋渔业快速发展，已成为全球最大远洋渔业企业之一，并取得了较好的经济效益和社会效益

中国农发集团所属中水公司是中国远洋渔业的领先企业，致力于合理开发

和利用海洋渔业资源，为消费者提供天然野生的捕捞产品，奉献安全优质的海洋食品，引领绿色健康的品质生活。中水公司以海洋捕捞、水产品加工贸易、仓储物流、渔业服务为核心业务。经过 30 年的发展，现拥有中国最大规模的捕捞船队，作业海域遍及大西洋、太平洋、印度洋；境内外建有水产品加工、仓储、补给基地，产品畅销国内以及欧洲、非洲、美洲、亚洲多国；冷藏运输和海上补给业务覆盖大西洋、太平洋。

目前，中国农发集团已经完成了南极磷虾开发利用战略规划。抓住南极磷虾资源开发的机遇，等于把握了远洋渔业未来 10 年的发展趋势。中水公司组建了"极地资源事业部"，第一条船已经进入南极作业。中水公司还将和国内科研院所联合，开发南极磷虾延伸产业，创建南极磷虾产业园。除了南极磷虾之外，中水公司还购置了一批海上冷藏运输船，进一步提高远洋渔业专业运输能力，完善产业链。

马达加斯加和莫桑比克海域是世界著名的虾场，很早就实施严格的入渔制度，但其拥有高品质、无污染的野生虾资源。20 多年来中水公司一直期望入渔该地区，但始终未能成功。日本马鲁哈集团于 1963 年开始在马达加斯加开展海洋资源调查，随后成立马达加斯加渔业公司（SOMAPECHE，简称 SMP），开始捕捞其西部海域的优质野生虾。SMP 是马达加斯加第一家工业化捕捞公司，渔业设施较为完善，鼎盛时期拥有 30 多艘捕捞船只，在马达加斯加经济和政治领域较有影响力。2009 年 7 月中水公司以股权收购方式整体并购了日本马鲁哈马达项目。中水公司接手项目后，单船年均虾捕捞量比日本人管理期间增长 40% 以上。项目原来连续 6 年年均亏损 200 多万美元，中水公司接手后在短时间内迅速扭亏为盈，仅用 3 年半的时间就完成了整个项目的投资回收。

## 9.2.2 海外农业种植业已在部分区域布局，为下一步海外规模开发奠定基础

（1）赞比亚项目。赞比亚的农场主要从事农业种植业和养殖业，为当地解决就业问题，提供粮食和肉蛋类产品，满足当地市场需求。该农场是赞比亚首都卢萨卡市场粮食及农畜禽产品的主要提供者，大大缓解了当地市场的紧张状况，同时，企业自身也得到一定发展，具有一定的效益。

（2）马达加斯加水稻项目是中国农发集团所属企业与中国"杂交水稻之父"袁隆平院士及其团队合作，将杂交水稻推广种植到马达加斯加。该项目的

核心团队以往承担中国援助马达加斯加杂交水稻项目获得极大成功，他们培育的3个杂交水稻品种在马达加斯加全国试种，每公顷单产8吨以上，大田种植达6吨以上，比当地水稻单产翻了一番。该项目目标是在马达加斯加建成现代化杂交水稻制种基地、杂交水稻高产栽培基地，以及杂交水稻加工基地。

**(3) 坦桑尼亚的剑麻种植项目。**该拥有土地面积10万多亩，在坦桑尼亚剑麻行业中名列前茅。项目公司是唯一一家从事剑麻种植的中资企业。剑麻项目既帮助坦桑尼亚创汇，同时剑麻回运国内，满足国内市场需求，弥补稀缺资源。截至2016年年底，项目累计运回国内优质剑麻纤维10 000多吨，相当于为中国节约南方三熟地区30万亩耕地的种植面积。

**(4) 乌克兰项目。**乌克兰农场采取由经营者承包的方式，实行有效的激励机制，引进人才，极大地调动了承包者的积极性。项目主要种植大麦、小麦、燕麦、玉米、葵花、荞麦等农作物。

**(5) 柬埔寨项目。**该项目通过柬埔寨当地企业、农户、科研院所、农民合作组织商讨合作，在柬埔寨兴建大米加工厂，进行加工仓储贸易。该项目积极响应国家"一带一路"倡议，把业务拓展到东南亚一带，充分利用国内外两个市场，做强做大自身业务。

## 9.2.3　其他业务开展情况

兽药疫苗、畜牧业也积极开展海外合作。中国农发集团所属企业研发生产的禽流感、口蹄疫疫苗打入了越南、印度尼西亚、巴基斯坦、伊朗、埃及等东南亚、中东、非洲地区的药品市场，产品广受欢迎。

中国农发集团种业开始在海外生根发芽。所属公司在巴基斯坦新设全资子公司，力将种子辐射到中亚。项目将优质高产水稻种"黄华占"卖到了莫桑比克等非洲国家；通过整合国内企业，抓住"一带一路"机遇，把脱毒高产马铃薯种推向东南亚国家。

此外，中国农发集团还与国外优势企业洽谈，开展生物技术领域合作，加快生物技术"走出去"。

## 9.2.4　承担中国政府援助项目情况

2006年，中非合作论坛北京峰会后，根据商务部、农业部要求，中国农发集团依托现有项目基础，承担了援助贝宁、南非、阿尔及利亚农业技术示范中心项目建设任务。以上3个项目在开展试验、示范、培训、推广的同时，积极开展市场化运作。贝宁示范中心的玉米高产研究项目被列入科技部重点支持项目，同时，还新增了商业性质的种鸡项目；南非示范中心、阿尔及利亚示范中心也都在开展商业性项目探讨。承建这些项目的企业积极开展农业技术试验示范推广，提高了当地农业生产水平，促进了当地农业经济发展，受到双边政府和人民好评。

## 9.3 境外发展遇到的问题

中国农发集团在开展农业对外投资过程中面临的困难和突出问题主要表现在以下几个方面：

### 9.3.1 外部环境充满不确定性

海外农业发展的外部环境充满了挑战和风险，包括所在国政治、战争、自然灾害、市场等不确定因素的影响。要解决这些问题，既要企业练好内功，也需要国家的大力支持。例如，马达加斯加安全问题令人担忧，每年都会发生多起杀人抢劫事件，尤其是针对中国人的杀人事件比例特别高，现在又发展到针对中国人实施绑架。马达加斯加国内发生多起偷牛杀人事件，甚至出现过偷牛贼放火屠村事件，宪兵、警察针对恶性事件根本没什么作为。新政府上台后管理混乱，财政吃紧，官员贪腐严重，政府官员前来索贿事件也明显增多，而且发展到明目张胆的敲诈。自然灾害方面，马达加斯加每年都有飓风发生，对于渔业项目来讲，这是最大的安全隐患之一。

### 9.3.2 受农业行业发展制约

海外农业基础设施条件差，开荒、农田水利建设、土地整治、道路建设、农业机械购买、农产品加工设备等投资大，投资回报率低，投资回收期长。目前集团的"走出去"项目大部分利用自有资金和自有资本金支出，仅靠自身逐年利润积累，要实现"走出去"大发展的战略目标还需要更多的政策和资金支持。

### 9.3.3 缺乏足够的外部支持

目前，与国内的农业产业项目相比，海外农业种植业项目的支持不足。当年生产所需的农机、种子、化肥、燃油等补贴较少。新的海外项目所需要的拓荒和农田水利基础设施建设没有任何资金补助和政策支持。原有的远洋渔船燃油补贴大幅减少，远洋渔业经济效益波动较大。此外，南极磷虾项目捕捞船设备需要从国外引进，而且南极磷虾资源开发在地域上也受到一定限制。

## 9.3.4 受农作物生长特点限制

许多农作物有独特的生长周期，如剑麻、苜蓿等，农业投资需要将其考虑在内。例如，剑麻的生长周期为 15 年，种植 4 年后才能开始第一次收割，连续收割 5 年，年产量达到高峰，再收割 5 年，年产量逐年减少，最后剑麻生命周期结束。剑麻收获期年产量呈抛物线状。因此，必须对剑麻种植进行逐年更新，以保持剑麻种植和加工的平衡生产。

总之，实施农业"走出去"战略不仅是中国农发集团自身发展的要求，也是中国农业可持续发展的需要。中国农发集团作为负责任的央企，积极响应国家战略，充分利用两个市场，两种资源，扎实推进农业"走出去"发展和可持续发展。中国农发集团愿意携手中国一批具有前瞻眼光的企业组建中国境外农业开发产业联盟，相约携手走出国门，共同致力于保障国家粮食安全，乃至世界的粮食安全，共同推动中国农业企业赢取农业资源全球化配置自主权和话语权，共同探索境外农业合作开发的新机制，引领和深化境外农业开发的有序、可持续发展。

# 10 典型国家促进农业对外合作的经验与借鉴

中国与日本、韩国为一衣带水的邻邦，有相近的传统社会文化，农业发展面临相同的资源瓶颈，而中国的农业对外合作相较于两个邻国起步较晚，由于农业对外投资的基础能力和约束条件上的相似，借鉴日韩在农业对外投资方面的成功做法，对完善中国农业"走出去"有非常好的参照指导作用。同时，美国作为世界农业强国，有较完善的农业法律法规制度，农业市场体系也较为发达，诞生了许多具有全球影响力的农业企业，为此，研究美国农业对外投资的战略布局、政策支持和管制方式，对完善中国农业对外合作的支持和推动政策具有重要的现实意义。

## 10.1 日本农业对外合作的经验

### 10.1.1 日本农业对外合作概况

日本农业自然资源贫乏，粮食自给率仅为 40％ 左右，政府高度重视通过农业海外投资构建全球农业产业链，依靠境外农业资源输入的稳定性和自主性，保障粮食安全供给。日本农业海外投资政策经历了从战后至 20 世纪 60 年代限制粮食进口时期、70 年代至 80 年代寻求海外粮食供应时期、90 年代推动世界范围粮食安全时期、21 世纪后多角度推动国际合作，确保本国粮食安全等 4 个历史时期的变迁。

在 20 世纪 60 年代，日本政府通过立法设置贸易壁垒，限制国外农产品在国内销售，以实现保护国内农业生产的目标。日本的主要粮食，如大米、小麦和高粱等进口受到严格管制，只有在国内歉收时才允许进口，结果导致大米甚至一度出现供给过剩。但是，受限于农业资源，大豆、小麦等农产品依然依赖进口，开始向外探索农业投资。

在 20 世纪 70~80 年代，由于日本本土农业竞争力下降，为保障国外农产品稳定和充分供给，对外合作中设置了"综合国家安全"的目标。80 年代中期，日本政府与美国签订《广场协议》之后，日元升值，国内外农产品价格倒挂，被迫推行国内国外兼顾的农业政策。日本政府相应放宽了农业对外投资，并与农业资源富集的巴西、印度尼西亚等国家签订进口保障协议，向农业企业提供对外投资补贴，甚至还用参股的形式与企业联合进行对外农业投资。

进入 20 世纪 90 年代后，日本政府将本国粮食安全嵌入到全球粮食安全体系之中，通过保障全球粮食安全来维护日本国内的粮食安全。日本政府在《粮食、农业与农村基本法》中提出，"努力推动包括技术及金融合作在内的国际合作，促进发展中地区的农业及农村发展，以帮助提高世界粮食供需的长期稳定。"海外农业投资的方向，由北美、拉美转向亚洲和非洲，中国由于毗邻日本、运输距离较短，成为了日本新鲜加工蔬菜及水果的主要来源国。

21 世纪的国际经济政治环境发生了重大变化，日本农业对外合作开始了多元化发展。日本政府积极在海外投资建设自有粮库，在粮食出口必经道路和港湾加强基础设施建设，使用金融工具支持企业收购或者租用海外农业用地，对巴西等发展中国家加大农业建设资金援助力度，在国际组织中表达并承担其农业发展的国际责任。

## 10.1.2 日本农业对外合作的投资模式

日本对外农业投资的高峰期是在 20 世纪 70 年代中期到 90 年代初，投资主要集中在美国，90 年代后期，开始向亚洲和非洲扩展。当前日本农业对外投资存量主要集中在巴西、阿根廷、俄罗斯、乌克兰、中国、印度尼西亚、新西兰、美国等国家和地区，并加大了在中南美洲、中亚和东欧等农业新兴地区的投资。2015 年日本企业对外农业直接投资达 2.82 亿美元，虽然 2016 年和 2017 年有所减少，但依旧保持了很高的投资存量。

日本农业海外投资高效、可持续的发展得益于其独特的官民协力的农业海外投资模式。该模式在《保障粮食安全促进海外农业投资相关指针》政策的指引下，由日本农林水产省、外务省、财务省、经济产业省、日本国际协力机构（JICA）、日本国际协力银行（JBIC）、日本贸易振兴机构（JETRO）、日本贸易保险公司（NEXI）等政府及相关机构共同参与讨论海外投资策略，依据海外农业投资行动原则、官方参与主体与职能划分以及农业海外投资政策支持工具等，系统地整合在一个完整的框架之下（图 10-1）。

**（1）日本官民协力的海外投资原则。** 日本依据 2009 年制定的《保障粮食安全促进海外农业投资相关指针》，对海外农业投资有明确的要求：为了确保

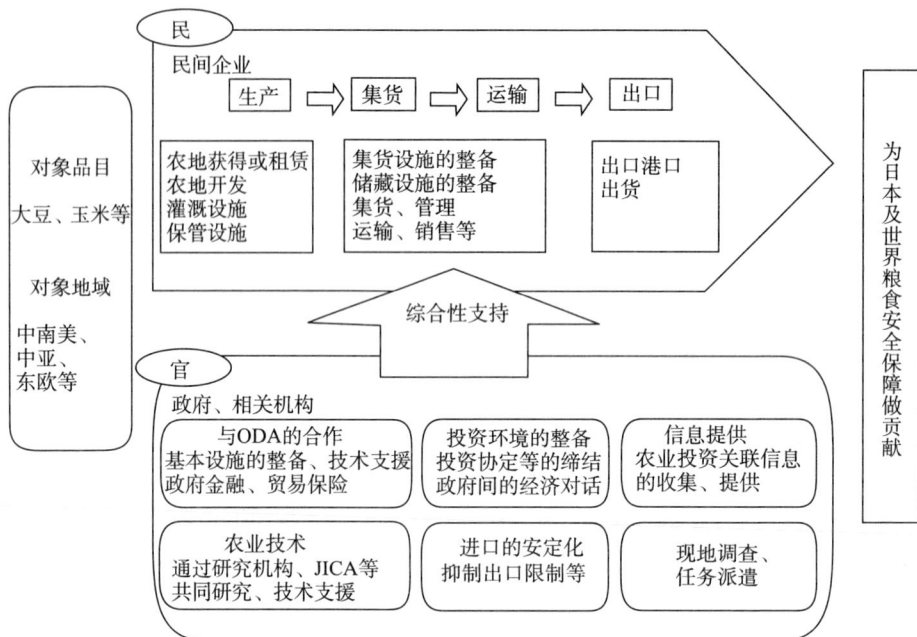

图 10-1　日本官民协力的农业海外投资模式

粮食供给，日本有必要在海外投资建设自有粮库，确保大豆、玉米的供应，加大与中南美、东亚、中亚的合作；积极投资粮食出口必经道路、港湾的基础设施建设；通过民间企业合作，加强日本在中南美的农业开发力度。日本综合考虑国际食物供需动向、饮食依赖性以及进口依存度等因素，主要投资的农作物为大豆、玉米，投资区域选择大豆、玉米出口潜力较高的拉丁美洲、中亚、东欧等地。

（2）**日本官民协力中的官方策略。**从其主体及职能来看，它是由农林水产省与外务省共同牵头，通过与财务省、经济产业省、日本国际协力机构、日本国际协力银行、日本贸易振兴机构、日本贸易保险公司等进行通力合作，综合利用财政金融、税收和保险等支持工具，促进农业海外投资。

在投资来源上，企业直接投资、政府开发援助（ODA）、国内政府公共财政支出是日本海外农业投资的最主要来源，其中企业是最重要的主体。日本政府开发援助（ODA）的特点是赠予比例较低，日元贷款较多，主要针对亚洲地区，以硬件设施援助为主，支持道路、桥梁、铁道、发电站等硬件设施建设，帮助发展中国家的经济发展和脱贫，同时也给众多日本企业提供承包项目的机会，有利于日本企业方便地从发展中国家获得资源。

在财政金融支持上，日本对外直接投资的大量外汇资金来源于政府和金融机构提供；农林水产省下设的海外农业开发协会每年有一定的政府预算用于开发海外农场；设立农业海外财政开发基金；对于有意海外投资的日本民间企业，其投资环境调查费的 50% 由国库提供；制定海外投资的外汇贷款制度，进行长期的低息贷款等。日本国内政策性银行——日本国际协力银行（JBIC）和日本进出口银行（JEXIM），为海外发展企业提供股权投资或长期贷款支持。

在税收政策上，日本政府制定了以资本输出中性为原则的税收抵免法，减轻投资企业的税负；制定海外投资损失准备金制度，使企业和政府共同承担风险。对内还辅以关税升级的保护措施，作为原材料的初级农产品税率最低，甚至是零税率，而随着加工程度的提高，加工品的税率高于初级品的税率，制成品的税率高于加工品的税率，促进日本国内食品加工、制造业的发展。

在保险制度上，制定了《贸易保险法》和贸易保险制度，以国家信用保险制度为基础，以政府财政作为理赔后盾，采取单边保险制度，境外投资保险的范围包括外汇险、征用险和战乱险，保险费用收取较低，有效降低了日本企业对外贸易以及对外投资的风险。

在信息支持上，日本政府、国际协力机构（JICA）、日本国际协力银行（JBIC）、日本贸易振兴机构（JETRO）以及日本贸易保险公司（NEXI）积极向日本企业提供世界各地各种关于投资机会、政策、农地、法制、税收、谷物需求、技术等方面的情报，以及各种关于投资地的研究报告，并将相关信息通过政府网站、邮寄、研讨会等多种形式提供给相关者，为日本企业制定海外投资战略提供充分且翔实的信息与建议。

## 10.1.3 日本对外合作的典型案例

在日本农业对外投资众多案例中，由日本政府主导对巴西实施的"塞拉多农业开发援助计划"是最典型的案例之一，也是迄今为止两国农业领域最大规模的国际合作项目，被国际社会高度评价为"跨时代的农业国际合作项目"。

1973 年美国颁布粮食与饲料对外出口的临时禁令，而日本粮食严重依赖美国进口，所以为了稳定大豆需求，日本政府在 1974 年尝试与巴西进行合作，对巴西塞拉多的农业开发进行了技术和资金援助，开垦地域广阔的中西部稀疏草原地区，该计划于 2001 年末才完成。

"日巴塞拉多农业开发援助计划"是日巴双方官民共同合作进行的国际项

目，日巴合资（日方占 49％，巴方占 51％）创建了民间公司 CAMPO，作为项目执行协调机构，负责项目的策划、实施以及监督工作。项目致力于培养具有国际竞争力的规模农场，在边境地域由农村合作社主导，按要求挑选没有农地的农家开展种植项目。项目要求最大限度地保护环境不受破坏，农业开发中率先开展了环境监测调查。

该项目给巴西政府创造了 3 300 亿巴币的税收，带动了农业相关行业的发展，吸引了大量农户到边境地区定居，也提高了当地的基础设施建设水平，促进了当地城镇化的发展。特别是，该项目使巴西一举成为世界农产品出口大国，其中大豆出口量仅次于美国，为全球第二大出口国，巴西的农产品在平衡全球农产品生产和贸易中具有举足轻重的地位，甚至能够影响国际市场农产品交易尤其是大豆的定价权。

此后塞拉多开发的成功经验被运用到日本、巴西、莫桑比克三方参与的"莫桑比克热带草原开发计划"。这些项目的成功经验值得中国政府、企业在农业"走出去"的过程中学习和借鉴。当然，农业对外投资也会面临种种风险，日本在印度尼西亚东部爪哇地区玉米开发计划中，由于盲目制定计划，缺乏事前的科学调研分析，民间商社盲目开垦，轻视权威机构警告，最终导致开发计划失败，这也为中国农业企业"走出去"提供了警示。

## 10.1.4　日本对外合作的主要经验借鉴

总结日本农业海外投资的经验，我们认为主要得益于：

农业"走出去"国家战略目标应定位于"解决全球食品保障"。日本政府主动适应国际国内环境，动态修正农业海外投资的战略目标，避免政治上的敌意和猜忌，借助国际农业援助，提高了国际社会地位与话语权，通过政府间的良好合作关系，又为企业创造了良好的农业海外投资环境。中国可以通过签署经济合作和自由贸易协定、外交解决双重征税、与多个跨国公司相互参股等手段进行海外投资。政府应当充分认识到联合国粮食及农业组织的核心使命，在国家层面将农业"走出去"的战略目标提升为全球粮食安全，定位于"解决全球食品保障"。

"全产业链"视角进行海外农业投资。日本根据不同国家和地区的政治、社会及农业状况，因地制宜，关注具有农业潜力的发展中国家，实施联合经营、订单生产、收购农业企业和设施、购买或租赁土地及农场等多样化的投资方式，积极推广海外农业开发成功模式，致力于构建完整的农业产业链。中国农业"走出去"参与从生产到加工到销售的全产业链经营，以构建全球产业链为基本路径，增加中国农业企业的国际竞争力和控制力。

成立海外农业开发专门机构，引导农业"走出去"。政府开展对外援助，在满足受援国发展需要的同时，也能够带动支援国企业与受援国经贸合作，为"走出去"拓展市场空间，是农业"走出去"的重要保障。中国应当建立国家层面的农业"走出去"专门机构和政策研究部门，政府与民间共同构建农业"走出去"数据库等信息服务平台，加强对外援助。

构建官民协力的农业"走出去"模式。充分整合政府、企业、金融机构、保险业、研发机构、社会组织等多种资源，运用财政、金融、税收、保险等支持工具，提供资金支持、通道支持、技术支持等，官民通力协作，共同推进农业"走出去"。政府农业专门机构联合业界以及学界力量，实施科学的、计量性的调查、评估与决策，派遣专家，接受研修生培养等，为企业对外投资提供专业的技术支持。

设立农业海外投资专项基金，完善海外投资外汇贷款制度以及税收优惠政策。完善海外农业投资补贴制度，设立海外投资专项基金，用于农业海外投资的相关补贴、贴息以及紧急援助；完善海外投资外汇贷款制度以及税收优惠政策。境外农业贷款政策需要向民营企业、中小企业倾斜；税收政策上应当避免双重征税，减免农业对外投资项目需出口的生产资料、设备的出口环节税费等。加强农业"走出去"保险支持，国家财政建立境外投资保险专门机构，完善境外投资保险制度，制定《境外投资保险法》，建立境外农业投资风险基金，设立海外投资损失准备金制度、国家农业风险资金以及保费补贴等多元化措施。

## 10.2 韩国农业对外合作的经验

### 10.2.1 韩国农业对外合作概况

韩国总人口约 5 146 万人，耕地面积仅 169.8 万公顷，人均耕地约 0.03 公顷，农业种植用地十分缺乏，韩国粮食自给率只有 26%。韩国的海外农业开发活动，始于以 20 世纪 60 年代《海外移居法》的出台而开展的南美洲地区农场开发，已有 50 余年的历史。早期韩国政府期望通过农业移民的形式，主导海外农业开发活动，但均以失败告终。进入 80 年代后，出现了由社会力量主导的小规模海外农业直接投资活动，但其成效并不尽如人意。

进入 21 世纪后，在世界金融危机、国际谷物价格突变的市场环境下，粮食安全与海外农业资源开发成为韩国社会关注的热点问题。2009 年韩国农林水产部依据《海外资源开发事业法》第 4 条规定制定了"海外农业开发 10 年基本规划"，2012 年制定并实施了《海外农业开发协作法》，从而正式启动企业主导、政府提供政策及资金支持的海外农业开发事业，韩国的海外农业开发事业由此成为具有制度及法律保障的国家工程。

韩国的海外农业开发包括三大部分。第一部分是韩国的农食品相关企业为企业发展而开展海外农业直接投资，即农业直接投资（FDI）。第二部分是为解决国际社会日益突出的粮食供给失衡问题，确保韩国粮食进口供应稳定而展开的海外农业开发活动，即政府层面上支持推行的海外农业开发事业。第三部分是为解决发展中国家贫困问题、提高韩国在国际社会的地位，针对发展中国家的以帮扶农业与农村发展为主的具有开发援助色彩的海外农业开发活动，即农业官方开发援助（ODA）（图 10-2）。

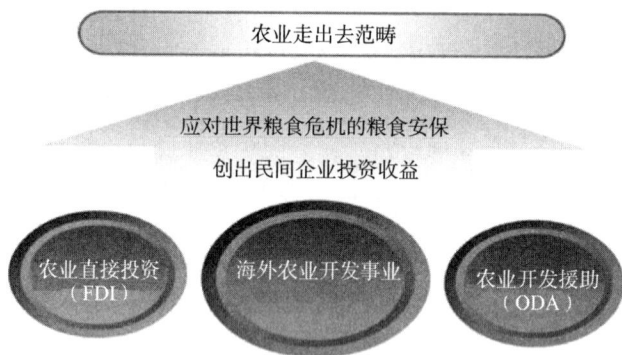

图 10-2　韩国海外农业开发三大领域

上述三大部分间并不是各自孤立存在的，而是有着紧密的联系。海外农业开发事业是一项政府事业，以应对世界和韩国粮食危机，实现粮食安全为目的，并以已走出去和计划走出去的企业为对象，政府提供政策及资金支持。农业直接投资虽是民间企业以追求经济利益为目的的活动，但也有不少民间投资将其投资方向指向受到政府的海外农业开发事业支援的项目。农业领域的ODA 则是在一定程度上解决发展中国家的贫困与饥饿问题，也促进了政府海外农业开发。

从农业海外直接投资（FDI）看，1985 年因韩国海外直接投资低迷，农林渔业海外直接投资占海外直接投资总额的比例曾一度超过 5％。此后，随着其他领域海外直接投资上升，农林渔业所占比例持续下降。2014 年显示韩国农林渔业海外直接投资规模（156 881 万美元）及新增法人数（909 个）占韩国海外直接投资的 0.4% 以下。韩国农食品产业海外投资主体规模较小，中小企业及个人企业合计占全部的 86%，以中小企业居多，约占 50%，其次是个人企业；在区域分布上，主要集中在亚洲地区，其中新增法人的 60% 及投资金额的 44.9% 都集中在亚洲，北美地区及中南美地区分别位居第二和第三。

近年来，韩国农业开发援助（ODA）规模虽有所增加，但其占官方援助总量的比重低于 6%，因此 ODA 项目在海外农业开发活动当中发挥的推动作用较小。目前韩国农业 ODA 的问题在于推行机构之间缺乏足够的配合与协助，比如韩国政府缺乏统领农业官方援助事业的专门机构，虽有韩国农村经济研究院、农村振兴厅等相关公共机构负责实施，但他们之间缺乏必要的信息交换，缺乏系统化的资金援助规划设计。

与海外农业直接投资和农业开发援助相比，韩国的海外农业开发事业居于海外农业开发活动的核心地位，占比达 85% 左右。2014 年财政支持海外农业开发的企业达 149 家，分布在 27 个国家。开发开垦农地面积从 2009 年的 1.88 万公顷扩大至 2014 年的 5.37 万公顷。确保谷物量从 2009 年的 2.47 万吨达到 2014 年的 19.5 万吨。回运国内的谷物量也由 2010 年的 424 吨扩大至 2013 年的 13 976 吨，而 2014 年有所回落，减至 7 020 吨。本部分也将主要阐述韩国海外农业开发事业的特点及其运行模式和典型案例。

## 10.2.2 韩国海外农业开发事业特点

（1）韩国海外农业开发事业的法律和制度框架较完善。韩国通过立法确立了海外农业开发事业的发展目标和基本规范。1983 年韩国将《海外资源开发促进法》修改为《韩国资源开发事业法》，涵盖了矿物、农林畜水产物调查、开发等领域，从此海外农业开发活动受到了法律的规范和约束。2009 年农林水产食品部发布《海外资源开发事业法》要求，农林水产食品部每 3 年建立以 10 年为周期的海外农业开发长期综合规划。2009 年确定"海外农业开发 10 年基本规划（2009—2018 年）"的目标为：一是在 2018 年建立海外稳定的供应网络，确保供给国内消费主要谷物 10% 的数量；二是促进韩国农业及相关产业海外开发事业；三是与海外农业开发对象国建立互惠关系。

韩国针对海外农业开发问题还专门制定了法律法规。2011 年韩国政府通过了《海外农业开发协力法》，制定出对海外农业开发及国际农业协力事业更具针对性的法律。新法将农畜产品及林产品从《海外资源开发事业法》中剥离出来，农林水产食品部自主开展海外农业开发事业。该法规的主要内容包括：第一，确立以 10 年为周期的海外农业开发事业目标、战略及阶段性任务等在内的综合规划，设立海外农业开发审议会；第二，设立海外农业开发投资公司或海外农业开发专项投资公司，为农业开发事业提供融资等服务，必要时还可以减免所得税、法人税等；第三，建立海外农业开发综合信息体系，可以培养专业人才，征得许可后还可以设立海外农业开发协会；第四，该法设置开发资源回运国内命令条款（第 33 条），国内外农畜产品及林产品供给出现重大危机或有可能出现重大危机而危害国民经济时，国家可以命令海外农业开发者将海外开发农产品回运韩国国内等。上述措施推动了海外农业开发、农畜产品生产及其国内外的销售、流通。

2012 年 9 月 28 日韩国实施的"海外农业开发 10 年基本规划（2012—2021 年）"，明确了"截至 2021 年海外农业开发确保国内消费主要谷物 35％"的数量目标。具体包括：第一，农业开发基地由东南亚、俄罗斯东部沿海地区扩至世界范围的 14 个国家；第二，通过修改收入管理制度，加强流通业等措施，促进海外农业开发所取得的谷物回运国内；第三，通过政府支持、专业人才培养等措施，积极培育海外农业开发企业；四，充实海外农业开发支援机制；第五，为世界粮食安全，确立国际社会互惠共建模式等。

**（2）韩国海外农业开发事业有较系统的支援机制。**韩国海外农业开发事业形成了由农林水产食品部主导形成的支援机制：由韩国农渔村公社负责向企业提供海外农业投资相关信息，提供贷款服务；并在农林水产食品部设国际开发协力科、韩国农渔村公社则设置海外农业开发援助中心等特设机构，一起针对海外农业开发活动开展业务支援。

为了维护海外农业开发企业的权益，2012 年韩国设立社团法人海外农业资源开发协会。海外农业资源开发审议会的委员长由农林水产食品部副部长担任，其余 15 位委员由企划财政部、外交部、农村振兴厅、山林厅、韩国农渔村公社、农水产食品流通公社绿色工程部等相关机构业务负责人、专家担任。海外农业开发贷款审议会，则由农林水产食品部、农村振兴厅、韩国农渔村公社、农水产食品流通公社、韩国农村经济研究院等相关机构业务负责人、专家12 人组成。

**（3）韩国政府对海外农业开发事业的主要支持形式是贷款和补贴。**韩国海外农业开发事业的贷款由农渔村公社负责，补贴则由农渔村公社与海外农业开发协会共同负责。贷款根据《海外农业开发协力法》的规定，按照年预算规模及年贷款申请总额，在其开发费用 70% 的额度内予以支持。补贴的内容主要是用于海外农业开发人才培养及调查、为社会群体（力量）提供信息交流、贷款事业的管理。2014 年海外农业开发事业贷款及补贴这两项财政投入的预算规模为 327.5 亿韩元，其中贷款规模由 2009 年的 210 亿韩元，增至 2014 年的 300 亿韩元，而补贴则由 30 亿韩元减至 27.5 亿韩元，补贴金额和比例呈现逐年下降趋势。

## 10.2.3　韩国海外农业开发事业模式

韩国推进海外农业开发事业的基本方向是，创建以社会力量为主导、需求者为中心、政府后援的与国际社会互惠的共建模式。同时，根据不同的类型、地区、品种等，建立具体的推进计划，并建设支援企业的必要机制。

韩国海外农业开发的模式大致分为农场型与流通型。农场型是指租赁土地或购买土地使用权而生产农作物的开发模式，该模式的开发方式较为灵活，生产的农作物不但运回韩国国内，也在当地和世界市场销售。流通型是通过收购当地企业或生产者的农产品、粗加工农产品，或者参与储藏、干燥、加工、流通等环节的经营活动，该模式只掌握部分资金、经营、劳动等生产要素，在管控农业生产能力上相对有限。

韩国海外农业开发的地区中，亚洲地区、非洲地区以农场生产型为主，而美洲地区以批发零售的流通型为主。在欧洲地区半数以上为农场生产型，主要集中在俄罗斯东部沿海地区。大洋洲地区主要以热带水果批发零售的流通型为主，但开发山林、林业资源并对其加工的资源开发性活动也较多。

## 10.2.4　韩国海外农业开发事业的典型案例

韩国国内谷物自给率低，需要依靠国际市场保障国内农产品的供给，选择了柬埔寨作为农业投资的对象。柬埔寨是东南亚传统的农业国家，也非常欢迎国外资金进行投资建设，具有农业生产成本低、海外投资政策优惠等优势，并且柬埔寨拒绝转基因生产，符合韩国国内原料使用的条件，因此，韩国决定在马德旺地区对玉米、木薯等谷物进行投资建设。

韩国协调 Dongaone 株式会社、Bookook 株式会社、Koreasilo 株式会社、STXpanocean 株式会社四大谷物进口商联合，调查了柬埔寨的投资环境。调查发现，柬埔寨谷物市场由泰国 CP 集团控制，该集团选用了最适合东南亚的种子给农户种植，向农户提供化肥和饲料，还发展了养殖产业，采用了全体系化的供应链控制方式。

在柬埔寨市场中，KOGID 株式会社利用自身基础设施建设优势，与 CP进行了合作。首先，以高于 CP 集团的价格采购当地农户的农产品，确保了稳定的谷物原料来源，同时也向 CP 集团提供高品质产品，达成了双方合作的机会。其次，还向深加工延伸，开设玉米加工厂、碾米加工厂和木薯加工厂，产品除提供当地的 CP 集团外，还出口泰国、越南等周边国家。最后，韩国公司还采用农户种植、合同种植和自己生产的方式，在柬埔寨其他地区获取谷物，建立了港口等基础设施，便于谷物向韩国国内运输。

## 10.2.5  韩国对外合作的主要经验借鉴

韩国的海外农业开发事业起步较晚，目前还处于起步阶段，与具有进军主体规模与实力优势的部分国家（美国、澳大利亚、日本等）相比，还有一定差距。因为相关企业还面临着难以保障原材料生产、开拓本地市场难度较高、产品回运成本高效率低等问题，所以，最近韩国的海外农业开发事业尝试脱离原有的框架，转变事业目标定位，强化官民合作运营模式，加大政府支援力度并扩大支援领域，强化与 ODA 事业之间的纽带关系，整顿回运制度及强化海外投资企业与需求者的纽带关系等多方面的努力。

中国农业"走出去"的出台背景、时期、战略原则等多方面与韩国农业海外农业开发活动很相似。因此具体分析韩国海外农业开发事业的现状、问题及战略等具体内容，对中国农业"走出去"的发展将有积极的启示作用。特别是韩国海外农业开发事业的目标定位、事业的法律支持依据及推进机制、国内回运制度、与 ODA 事业的纽带关系等特点，值得中国农业在"走出去"过程中借鉴、反思和参考。

韩国以回运粮食为主要目的开展建设海外粮食储备基地为核心的海外农业开发战略值得反思。《海外资源开发事业法》规定：在非常时期如获得贷款或接受补贴的企业不履行海外开发产品回运国内的国家命令，国家可以立即收回尚未偿还的贷款。这一规定虽能对非常时期不履行国家命令的消极行为进行惩罚，但对粮食基地建设无积极的推动作用。特别是在国际谷物价格波动情况下，东道国对粮食出口国的限制意味着韩国在这些国家的农业开发事业也难免受到相应限制。因此，综合考虑粮食安全的意义及海外农业开发资源的国内回运等相关规定，韩国政府应重新审视并定位海外农业开发的意义与目标，并继续采取扩大海外农业开发支持规模、降低贷款利率、延长贷款期限、支援品种（项目）从粮食类扩大到更多的农作物、加强农业开发人力培养等积极措施。

韩国有效推进农业对外投资得益于其完善的法律及制度保障，这值得中国借鉴和学习。从《海外资源开发事业法》到《海外农业开发协力法》，再到具体的"海外农业开发 10 年基本规划"，韩国为海外农业开发提供了法律保障。在实施过程中，注重对从整体上监管相关业务的专门主管部门（农林水产食品部）采取一元化管理的模式，降低了农业对外投资过程部门间的协调成本，使之更为有效。新时期推进中国农业"走出去"，亟须借鉴韩国在相关立法及制度方面的经验，完善中国农业"走出去"的管理体制。当前，可以考虑设立以对外投资企业为主体的"农业对外投资企业协会"。政府对协会给予政策、制度上的必要便利与支持，使协会灵活推进中国农业"走出去"的事业。

耦合农业对外投资企业及对外援助之间的纽带关系，实现协同效应。对外援助发展中国家农业农村的行为必然会提高两国间的信赖度，并有助于农业对外投资的发展。通过 ODA 在发展中国家进行先进技术普及和专门人才培养，会使相关援助和合作项目取得事半功倍的效果，这必然会给支援国家和受援国家创造共同的价值，从而促进以企业为主体的农业对外投资持续发展。因此，耦合国家层面的对外援助事业和企业对外投资，会产生相当的协同效应。目前韩国 ODA 的执行机构、企业对外投资与海外农业开发事业之间的联系松散，这也是中国面临的一个现实问题，需要思考如何将官方开发援助和企业对外投资有机整合，这客观上需要建立一套完整的管理体系进行战略部署。

综合运用农业金融、保险、税收、补贴等多种手段，加大对企业农业对外投资的支持。农业是一项高风险、低收入且周期长的产业，日韩和中国农业企业在对外投资过程中面临着诸多困境，需要政府积极支持和支援。从支持手段和方式上，韩国主要为财政补贴和贷款贴息两种手段，政策手段单一；日本在税收抵免、优惠和投资环境补贴等方面的众多政策值得中国借鉴。强化官民（政府与企业）合作运营模式。官民合营运作模式的成功，须通过构建农产品加工、出口、运输等涉及农业各个环节的价值增值体系，并实现高效运行。

# 10.3 美国农业国际化发展的经验

## 10.3.1 美国农业国际化发展概况

美国是世界上的农业大国和农业强国，美国粮食产量仅次于中国，居世界第二位，占世界的 16％，可耕地面积 1.97 亿公顷，是世界耕地面积最大的国家，占世界总耕地面积的 13％。美国农作物单产高、技术水平先进，能够利用极低的成本优势控制国际市场定价权。美国农产品出口份额占全世界总量的 25％，其中大豆和玉米产量占全球的 1/3，出口总量占全球国际贸易的 40％，在国际市场上有非常强的话语权。2018 年美国有 10 家食品及加工企业进入世界财富 500 强，总销售收入 4 070 亿美元，总利润达 250 亿美元，拥有世界最强大的农业及食品产业。

美国农业产业国际化程度非常高，其大型农业企业能够将世界农业生产纳入自身的分工体系，在全球范围内配置农业生产要素、资本投入和产品生产，在全球一体化进程中建立了广泛的营销体系，并建立和使用较高的技术壁垒，形成了对世界农业全产业的控制，在国际贸易中有极高的影响力。

### 10.3.2 美国农业国际化发展的模式

美国农业企业国际化程度如此深入和广泛，是近百年来深耕运作的结果，虽然各个企业发展路径各异，也不是所有美国农业企业都是国际垄断巨头，但是巨头成长为具有全球控制力的超级企业也是有迹可循的，大概可以总结为以下模式：

**(1) 推行全球化经营战略。** 美国农业企业参与全球竞争，生产经营的立足点，建立在全球资源配置的基础上。美国农业巨头采取投资、兼并、收购等措施，在全球搭建起一个包括种植、生产、加工、物流、研发和贸易的网络，利用世界各地的优势资源，建立起生产规模巨大、辐射地域宽广、产业链条全面、资源充分集聚的具有全球竞争力的公司。

**(2) 全产业链一体化发展。** 美国农业巨头在国际市场的竞争中，采用纵向一体化和横向一体化的发展，通过规模效应和范围效应，取得高额的垄断利润。跨国公司采取的方式是独资建厂、合资合作和兼并收购。美国农业企业最简单的方式是在目标国进行投资建厂，设立控股公司，直接获得所需的农业资源，占领当地市场份额。在某些受限制的国家和地区，则迂回地采取合资合作方式，包括技术合作、品牌合作、部分资金合作等方式，通过和地区企业建立合作关系来分享当地的资源和市场，如果时机成熟，也会直接进行控股和收购。在适当的条件下，美国企业则会采取兼并收购的方式，通过股权收购、重组控股和增资扩股等手段，进行资产整合，扩大企业规模，延伸企业产业链条。美国农业企业一体化发展，一方面打击了当地同业竞争者，获得了所在国的农业资源，另一方面增强了企业竞争力，将对手纳入到了自身农业供应链体系之内。近年美国农业企业对外直接投资在发展中国家所占比重逐渐增加，凭借世界级的资本运作能力，通过金融手段和市场手段打击当地竞争对手，甚至人为制造某些危机来抢占市场。

（3）**金融化经营运作。**美国农业企业与国际金融资本紧密结合，灵活应用国际金融市场规则和操作工具，在国际农产品现货市场及其金融衍生品市场纵横捭阖，不断扩张经营领域，攫取巨额利润。首先，美国农业企业通常采用期货期权等手段，结合现货市场价格行情，进行套期保值交易，对冲农产品价格受国际不确定因素产生的波动风险。这些大型农业企业拥有关于农产品更准确的产量数据、存储数据和消费数据，在信息上具有更强的优势，能更好地根据期货和期权市场安排交易价格，通过金融市场规避远期价格风险，降低企业经营成本。美国农业企业内部就有专门的信息管理部门和农产品金融市场研究团队，通过专业化的金融人才和工具进行操作，以更好地预测市场趋势，判断国际市场供需波动的节奏。其次，美国农业企业极其注重和金融资本进行联合。企业扩张背后是强大金融集团的资本支持，一方面企业自设、控股或参股多家金融机构，通过金融机构为资本扩张提供借贷、信托、保险、抵押等服务，获得了巨大的资金保障。另一方面，美国农业企业也通过联合国际金融巨头，比如美国的花旗集团、摩根大通、摩根士丹利、美洲银行等金融集团，募集海量资金、撬动资金杠杆进行全球投资，在国际市场上一次次上演"大鱼吃小鱼"甚至"蛇吞象"的兼并和收购。

（4）**控制关键环节形成竞争壁垒。**农业跨国企业进入目标市场后，运用资本、技术、成本的优势，对竞争对手进行精确打击，控制目标市场关键环节，掌握经营主动。一是控制关键技术，现代农业不是的传统农耕行业，科技在其中发挥着非常重要的作用，美国农业企业在技术上有压倒性优势，在全球农作物专利权中，美国公司持有40％左右，在新技术领域处于绝对领先地位，比如在大豆和玉米种子上，孟山都控制了全球88％的份额。二是控制产业链条关键节点，农业产业从农资、种植、生产加工、物流、销售等构成一条完整的食物产业链，美国农业公司非常擅长发现所在国农业产业的薄弱节点，通过抓住"牛鼻子"来控制整个区域农业产业。比如智利的水果，就被跨国农业企业全面控制了农场的生产和销售，形成买方垄断，结果成为农业巨头的水果原料供应基地，不能分享其他部分增值的收益。三是控制市场竞争强度，美国农业企业凭借自身丰厚的原始积累并裹挟国际金融资本力量，能够在目标国进行农产品倾销，击垮当地农业生产加工企业，挤出当地农业从业人员，之后再乘势收购当地破产企业并收编失业农业工人，进而掌握所在国的农业资源，提高市场占有率，当获得当地农业市场优势之后，再通过操作农产品收购价格和销售价格，获得巨额垄断利润。

### 10.3.3　美国农业国际化发展的典型案例

孟山都（Monsanto）是一家创建于 1901 年的美国化工公司，今天的孟山都公司更专注于农业领域。其业务包括两部分：种子和基因研究、农业生产力。其中种子和基因研究由孟山都全球种子和生物技术业务，以及生物技术、育种和基因研究的基因技术平台组成；而农业生产力由植保产品、家用草坪和园艺除草剂和畜牧业产品组成。

孟山都作为世界知名的种子公司，在 20 世纪 60 年代还是一家化工企业，通过行业并购进入农业领域，之后又通过资本扩张和技术壁垒，获得了较高的市场份额。孟山都在种子行业的国际市场开拓中常用的手段为：一是资本并购，获得市场份额；二是技术封杀，特别是转基因技术。

**(1) 资本并购种子企业。**美国在 20 世纪 70 年代颁布了《植物品种保护法》，在知识产权保护制度下，私人企业开始投入资金进行农作物的育种研发，随着育种投资的规模不断扩大，育种技术得到了较快发展。资本市场的参与，促进了美国种业市场的整合，种子公司之间的并购率一度达到 69.4%，优势农业企业在此期间开启了兼并收购狂潮，种子行业的市场集中度快速提高，近些年行业前 4 名份额集中度指标（CR4）的占有率增长至近 60%。孟山都这类大型种子集团，获得了大量优质的种质资源和市场份额，又进一步推动了种子的研发投入，获得了更大的竞争力，开始向世界市场进军。

孟山都公司在 20 世纪 90 年代大举并购了多家种子公司和农业企业，特别是在 1982 年收购了 JacobHartz 大豆种子公司、1998 年斥资 32 亿美元收购迪卡尔布遗传学公司，获得了优质的种子及生物技术研发能力。孟山都通过其他一系列并购，获得了大豆、玉米、小麦、蔬菜和水果等多种农作物种子的研发和生产能力，还通过收购有优质渠道资源的农业企业，打开了市场销售渠道，获得了较高的市场占有率，玉米种子市场占有率达 35%、大豆市场占有率达 28%。

**(2) 确立高技术壁垒。**孟山都公司毫不吝惜在种子和生物技术上的研发投入，2017 年公司研发费用达 16 亿美元，占整个营收的 11%。孟山都公司内部有生物学小组，指导生物技术的发展。1982 年，公司掌握了植物细胞的转基因技术，在作物种子的基因技术上取得了先发优势。

种子具有可复制性，这会阻碍种子向高附加值商品转化。但是，孟山都公司拥有"终结者技术"专利所有权，能够使作物种子的优势性状不能向后代稳定遗传，导致种植户不能将作物种子留种使用。孟山都同时掌握有作物转基因技术，能阻止作物结籽或杀死胚芽，又可以大大提高作物单产。所以，孟山都在技术上占领了种子研发的高地，能够通过此类技术在源头控制产品的生产。

**(3) 研发和销售一体化发展。** 孟山都农业推广的业务能力非常强，公司通过技术手段，将农药和种子进行捆绑销售。在 1976 年，公司生产的农达除草剂虽然效果良好，但由于药力大，也会同时杀伤其他作物，导致该种农药在市场推广难度很大。为此，公司研发了抗农药种子，能够保护作物不被农达误杀，并将种子和除草剂打包销售，成功获得了两个市场的收益。

**(4) 国际化渗透。** 美国的市场空间有限，欧洲等国又限制了转基因技术的使用，所以孟山都积极向发展中国家进行渗透。孟山都向南美洲的巴西和阿根廷大规模推广抗草甘膦大豆种子，进而控制了两国的种子市场，间接控制了全球的大豆市场生产。在中国，孟山都 20 世纪 90 年代将抗虫棉技术引进中国，则通过与河北省种子站以及岱字棉公司合作成立生物技术合资企业的形式，将保铃棉棉种带入中国市场。2001 年，孟山都公司也是通过与中国种业集团公司合资成立"中种迪卡杂交玉米种子有限公司"，开始在中国进行杂交玉米种子的推广。

## 10.3.4 美国农业国际化发展的经验借鉴

由于世界各国逐步开始限制外国资本对本国战略资源的使用，在土地购买、粮食出口方面设置了诸多障碍，所以，中国农业企业在今后的国际化发展中，不能再走美国企业发展的老路。中国需要在吸收美国企业开拓国际市场经验的基础上，用互惠共赢的理念开展国际农业合作，把农业"走出去"的战略重点从生产转向贸易合作。

第一，中国农业"走出去"的企业应该要有全产业链布局的思路。

过去中国农业企业"走出去"多是以租赁或购买土地种植、建立生产基地等方式进行合作，经营领域集中在生产和初加工领域，较少涉及仓储物流、精深加工和市场销售等高附加值活动。但是现在巴西和俄罗斯等国家已经开始在土地租赁和农业资源兼并上设置禁令，很多发展中国家也开始跟进这些制度，未来中国农业企业将很难进入所在国的农产品种养殖环节。为此，中国农业企业在国际化发展中，特别需要借鉴美国农业企业全产业链布局和控制关键节点的经验，更重视产业链中附加值高的部分，加大在产业链中段和后段的投资，在所在国发展农产品的加工、仓储和贸易，通过以点带线、以线带面的方式，逐步构建起更有控制力的全产业链。这些中后段的环节，所在国更欢迎和支持投资国进行投资，受到的干预和限制会减少，另外这些环节的利润较高、风险也较小，适合资金保值增值。但是，在这些环节，中国农业企业的能力相对还较弱，需要加强技术引进和企业合作，学习美国农业企业资本兼并的方式，打造世界级的全球农业全产业链。

第二，中国农业企业在国际化发展过程中，要增强自身的金融能力。

其一，农业其实是一个风险较高的产业，容易受到气象灾害、国际政局和市场波动的影响，中国农业企业在"走出去"的过程中，需要通过不断提高金融能力，应用金融市场来规避风险。中国农业企业需要借鉴美国农业企业的经验，采用保险、期货、期权等金融工具，减少风险损失。在国际交易过程中，使用外汇远期交易合同、利率掉期合同、信用凭证等工具，熨平国际货币市场波动可能给交易带来的损失。其二，中国农业"走出去"的企业规模相对美国企业来说还较小，企业资金筹集能力还较弱，在国际化运作中本国金融企业的支持力度不够。中国农业企业需要借鉴美国经验，一方面自身建立金融机构，在企业进行重资产投入时，比如在兴建和并购码头、仓库、加工厂等项目上，调动更多的国内资金协力进行建设；另一方面和国内大型金融集团进行合作，争取在额度、利率和账期上给予照顾，或者采用共同持股或信托交易等形式，借助国内金融集团在海外的经营机构，在全球资本市场融资。其三，中国农业企业要培养自身的金融人才，组建国际化金融人才团队，还要建立科学的国际农产品市场观测系统，广泛收集全球农产品市场信息，建立智慧分析系统，更精准地判断国际农产品价格等因素的变化趋势。

第三，中国农业企业需要在国际市场形成核心竞争力。

中国农业企业在国际化发展的过程中，特别在技术方面还缺少有力的核心科技。首先，在这方面需要加大研发力度，向美国农业企业学习，把农业领域的研发提到公司核心战略层面来进行重视，尽可能让每年的研发费用不低于销售收入的10％。其次，充分利用中国人口规模优势，将巨大的市场需求转化为企业的市场优势，加强国内农业企业的整合，提高国内农业企业的市场集中度。再次，国内农业企业之间，需要建立有效的合作机构，学习美国政府的农业管理组织机构的形式，紧密地联合起来和国际巨头进行议价。

第四，中国农业需要提高对国际市场政治经济环境情况的掌握。

美国农业企业在进入国际市场的过程中，非常巧妙地和所在国政府、企业和民众进行交流，久久为功地进行渗透。中国农业企业不仅要真心实意地进行国际合作，在合作策略上也要从长远出发，借鉴美国农业企业多方共赢的做法，塑造企业形象，走可持续发展道路。首先，要认真研究所在国法律和政策，把握所在区域农业发展方向。需要企业和当地民众、企业、政府多进行沟通交流，掌握本地政治和社会变化情况。比如孟山都进入中国之初，通过与政府相关部门、国有企业等进行合作，在熟悉了国内的政治和市场环境后，再逐步扩展业务。其次，应该在双方利益最大化的基础上进行广泛合作。中国农业企业并不是没有自身利益的，也需要考虑利益均衡点来制定方案，学习美国企业一些可行的经验，在一些高附加值、高技术门槛领域提供更多的支持，并协商分配合理的利润。最后，企业要树立起正面的企业形象，减少所在国的误解。中国企业可以学习孟山都、益海嘉里等企业，与所在国的高校和科研机构建立合作机构，在所在国设立农业科学研究基金、农业产业发展基金等，树立起企业积极的形象。

# 10.4 法国农业国际化发展的经验

## 10.4.1 法国农业发展概况

法国是欧洲第一农业大国，也是世界第二大农产品出口国和第一大农产品加工出口国。法国主产小麦、大麦、玉米和水果蔬菜等农产品，其中葡萄酒产量居世界首位，葡萄酒远销世界各地，是全球奢侈品消费的标志性饮品。

法国农业特点在于机械化程度高、学历层次高、合作社参与程度高。一是法国农业机械化程度很高，粮食作物生产和畜禽养殖基本实现了全程机械化，种植、养殖、加工、运输、销售等环节实现机械设备全程参与，进而带动农业生产率整体提升。二是法国农业生产者的文化程度也很高，推行"农民高学历"计划，只有取得农业职业培训证书者才能从事农业经营，设立各种农民技术培训中心和短训班，构建起健全的农业教育体系。三是法国农业合作社覆盖程度高，全国90%以上的农场主都加入了农业合作社，合作社负责提供各种农业服务，逐步形成了全产业链网络，甚至有的合作社发展成为利马格兰集团这样的农业巨头。

法国在农业对外合作中，食品加工出口的水平很高，欧洲前100家农业食品工业集团有 24 家在法国，世界前 100 家农业食品工业集团有 7 家在法国，法国的农副产品出口居世界第一，占世界市场的 11%，发展过程中培育出四大国际垄断巨头之一——路易达孚。

## 10.4.2　路易达孚国际化发展的典型案例

路易达孚公司（LouisDreyfus）是一家跨国集团，由法国人列奥波德·路易·达孚成立于 1851 年，总部设于法国巴黎，开创和发展了欧洲谷物出口贸易，经过 160 余年的发展，现在是世界第三及法国第一粮食出口商，年销售额超过 200 亿美元。路易达孚集团在全世界范围内从事粮食贸易，如谷物、油料、油脂、饲料、大米、肉食、食糖、咖啡、棉花，农产品贸易占全球市场份额的 1/10，并还进行纤维、天然气、石油及石油产品的化工品贸易，每年生产、加工、运输的大宗商品约 8 100 万吨，此外，还将触角伸向金融领域，在全世界开展债券、证券、期货等业务。

路易达孚在农业国际化发展过程中，最值得称道的是风险管理流程。公司内部设有专门的风险管理部门，不但能联合公司其他部门一起进行风险控制，而且还能够与世界各地的生产商密切合作，甚至为外部公司提供咨询服务。风险管理部门从供应链整体风险角度进行防控，对最初的生产农场到最终的购买客户的每一环节，都分析其可能蕴含的风险，广泛评价气候风险、经营风险、运输风险、价格风险、政治风险等不确定性风险，然后建立了一套完整的风险识别、评估和控制的体系。而在公司外部，也采用了风险分散的措施，在全世界范围投资农场、加工厂、仓库、港口等设施，减小因局部动荡和突然冲击带来的负面影响。

路易达孚在风险损失的控制上，有一套科学的风险平衡手段。公司成熟地使用金融衍生工具，建立严格的套期保值制度，在现货和期货两个市场进行操作，平衡在两个市场上的收益。公司的基本理念是，在现货和期货市场对标的物进行反向操作，生产方面保价格，加工上保基差，减少不确定性带来的损失。因为路易达孚建立了覆盖全球的农产品生产交易体系，所以，甚至可以在优势农作物上，调用巨额资金在国际市场调配农产品生产，操纵不同地区农产品价格，再在期货市场进行跨市操作，实现盈利。

路易达孚在全球建立了庞大的物流体系。公司早期在世界大宗农产品出海口附近建立了大型仓库，以便开展农产品仓储和转运工作，后来逐渐扩展到具有生产加工、港口集运功能的大型物流港，现代公司进一步通过并购等手段，对港口、码头、船运公司等进行了多元化业务整合，打造纵向一体化供应链。目前公司在全球拥有 143 处港口设施，谷物运输拥有 170 艘船舶，海运业务相关从业人员多达 1 600 多人，甚至开始了石油天然气运输、飞机配件的海上运输。

路易达孚深度介入国际金融市场。1883 年公司就率先在路易斯交易所使用期货进行交易，是 ABCD（美国 ADM、美国邦吉、美国嘉吉、法国路易达孚）四大国际粮商中最早进入金融业的粮商，随后又在 1905 年设立了路易达孚银行，现在是法国第五大银行，2008 年还成立了专门的投资集团。集团一直宣传要"致力于成为所有农产品期货与现货市场的主要参与者"，在农业及其他领域进行广泛财务投资，开发新型金融衍生工具，在欧洲、美洲和亚洲都有分支机构。在中国，路易达孚是中国加入 WTO 后首家农业领域的外商独资企业，与大连商品交易所和郑州商品交易所有多项合作，公司业务现已遍布国内 26 个省份。

## 10.4.3 法国农业国际化发展的经验借鉴

路易达孚是四大粮商中唯一一家非美国企业，它能成为全球领先的企业，得益于它有完整的农产品供应链和强大的金融体系，形成"金融＋农产品供应链"的发展格局，这其中有很多国内企业学习借鉴之处。

一是构建强大的金融支持体系。路易达孚依靠完整的金融风险控制体系，协同使用各种金融工具，将经营领域不断扩大，是四大粮商中涉猎最广的集团，甚至进入了能源石化领域。在农产品领域，公司深度参与了所有农产品现货和期货的交易，自身也建立了投资公司，为大型农产品供应链建设中的大型项目进行融资，同时参与保险市场，建立了最严格的套期保值风险管理制度。这些金融手段及减少农产品风险的操作方式，是中国农业企业风险控制方面的学习标杆，需要结合农产品属性和中国实际情况，平衡金融风险和农产品市场风险。

二是打造全面的农产品供应链系统。路易达孚建设的农产品全产业链平台，非常全面和厚实，为公司在金融领域长袖起舞提供了扎实的实业保障。公司的农业业务从上游研发、种植、饲养，到中游加工、包装、运输，再到下游配送和销售，地域横跨欧洲、亚洲和美洲，搜集覆盖全球的农业生产资源、信息资源、人力资源等，能从世界宏观视角进行要素安排，获取最大的产业利益。该公司全球供应链的打造手段，从全球进行技术和要素配置的过程，是我们中国农业企业在"走出去"过程中要花大力气进行学习的。

# 11 中国农业对外合作实施路径及政策选择

随着中国加入WTO以来，中国农业对外合作的发展势头更为强劲。中国在构建农业对外合作支持政策的框架时更要遵循相关原则，及时分析中国农业"走出去"支持政策的需求，满足国家战略、农业企业、东道国的发展需求。完善中国农业对外支持政策框架体系，形成目的明确、层次分明的农业"走出去"体系结构。加强并且完善中国农业对外合作政策，并以全球战略角度进行系统布局。

## 11.1 需要处理好的三组关系

当前尽管单边主义、贸易保护主义和逆全球化思潮不断有新的表现，但经济全球化依然是当今世界经济的一个基本特征和发展趋势。中国在开展农业对外合作过程中需要处理好三组关系。

一是协调处理好"走出去"与"引进来"的关系，注重统筹利用两个市场两种资源。坚持"引进来"与"走出去"相结合，通过"走出去"拓展农业发展空间，提升国际农产品供给能力，以"引进来"提升农业现代化水平，扬长避短、趋利避害，切实保障全球粮食安全和主要农产品供求平衡。树立全球义利观，积极利用国际农业资源，提升全球农业资源配置力及使用效率，在发挥农产品贸易大国作用的同时，坚持绿色生态发展导向，更好兼顾生态和生产的关系。充分利用WTO规则，提高农产品贸易调控能力，鼓励适度进口，防止过度进口冲击国内生产、影响农民就业和增收。

二是注重把农业国际化作为国家间共建利益共同体和命运共同体的最佳结合点。解决全球粮食安全问题，是确保中国粮食安全的基础。其核心在于增强发展中国家的粮食供给能力。实践证明，由于供给结构的不平衡、价格高涨，导致世界粮食危机，威胁广大发展中国家特别是贫困国家的粮食安全。依靠增强发达国家的粮食供给能力，其本质上并不能有效解决发展中国家的粮食供给与安全问题，广大发展中国家只有立足自身解决粮食供给问题，才能有效应对世界粮食危机、确保本国粮食安全。尽管国际市场可贸易粮源的供给潜力仍在发达国家，但增加发展中国家粮食供给能力，亦相当于减少发展中国家对市场可贸易粮源的需求。部分发展中国家通过完善农业基础设施、普及先进适用的农业技术、开发农业资源等，完全能够依托本国农业资源实现主要农产品自给，甚至可能会由农产品进口国转变为出口国。中国注重将境外农业投资与农业国际合作有机结合，在双边关系、经贸合作、对外援助等工作中，统筹布局、系统规划，形成服务于国家粮食安全总体战略、互惠互利共赢的新型国际农业合作战略，支持发展中国家提高粮食安全保障能力与农产品供给能力。

三是注重协调处理好国外农业资源利用和国际风险防范的关系。目前中国主要农产品进口来源地相对集中，对国际市场供求和价格的影响较显著，贸易大国双刃剑效应日益凸显。特别是，大豆进口来源过于集中，中国选择进口来源地的余地越来越小，大国之间的贸易摩擦常态化趋势明显，贸易摩擦对国内会带来诸多不利影响，中国正加快探索实施农产品进口多元化战略，适度增加农产品加工品和替代性产品进口，以部分替代初级农产品或农业原料进口，既可以实现由多个国家、多种渠道的多元化进口，进一步分散进口风险，又可以最大程度减少集中大量进口对国际国内市场及相关产业的影响。在农业海外投资方面，政府动态调整顶层设计，建立农业海外投资信息服务平台，完善金融、保险、海关等政策设计，提高服务企业水平，鼓励企业开展风险评估及制度设计，最大限度降低企业走出去风险。

## 11.2　构建农业对外合作支持政策框架的原则

加入 WTO 以后，随着国内外农业竞争环境的变化，农业"走出去"的内容更为丰富，不只是企业行为，也体现了国家意志，因此，支持政策在运作过程中，也表现出来与国家战略结合更加紧密、问题的针对性更强、操作策略日臻成熟的特点。

### 11.2.1　紧密结合国家整体战略布局

中国海外农业的发展不是一个单纯的贸易和投资问题，而是需要国家在整体战略上协调的复杂问题。加入 WTO 早期，政府担心开放市场影响农民收入，所以政策更多关注如何支持农产品的出口，随后粮食安全逐步成为焦点，海外农业就成为了保障国家粮食安全战略的组成部分,近年来农业"走出去"则进一步结合了国家的战略意志,对外融入了"一带一路"倡议,优先选择沿线国家开展农业合作,对内纳入了供给侧结构性改革,把农业对外合作和国内农业产业结构性调整相结合,鼓励使用国外资源,弥补国内弱势品种。

### 11.2.2  针对"走出去"中的具体现实问题

中国农业企业在海外市场竞争中,碰到了许多棘手的问题,特别是在与国际巨头的比拼中,很难取得竞争优势。这里一方面有企业自身能力不足和经验欠缺的问题,另一方面也有国内政策落后于形势发展的问题。为了配合农业企业"走出去",中国政府针对企业碰到的具体问题,在遵循国际贸易规则的基础上,借鉴国际惯例,出台了一系列相关政策,经过不断改进完善后,逐步形成了有中国特色的政策支持体系,为企业提供全方位的服务支持。比如,政府在财政扶持和金融支持方面的政策,主要指向农业企业资金能力较弱、融资较难的问题;在投资管理、外汇管理的政策,则是应对政府审批烦琐、重复管制的问题;而在保险和税收等方面的政策,则帮助企业降低经营风险和避免双重征税。

### 11.2.3  注重"走出去"的可持续性

2015 年中国在海外开展农业生产的企业达到了 1 421 家,其中一些企业为追求利润,罔顾当地自然环境和市场秩序,造成了非常负面的影响。这种行为违背了中国一贯坚持的互利共赢的国际合作发展原则,也不利于全球农产品的稳定供给,为此中国政府开始探索促进国际农业可持续发展的政策,比如用《对外投资合作环境保护指南》《对外投资合作和对外贸易领域不良信用记录试行办法》等来约束企业的行为,减少与东道国的摩擦,防止国内企业之间的恶性竞争,引导中国企业融洽地进入东道国市场,在海外开展可持续的农业生产。

## 11.3  农业"走出去"支持政策的需求分析

中国农业"走出去"在新时期势必会有更大的发展,这是农业企业发展的必然趋势,也是国家进一步开放发展的战略要求,更是国际社会共同应对人类食物供应挑战的手段。

### 11.3.1　国家战略的要求

（1）**务必确保国家口粮绝对安全。**人多地少是中国的基本国情，随着工业化和城镇化的深入发展，中国农业生产的资源约束趋紧，仅耕地要实现供需平衡就存在20％的缺口，加之人口增长和消费结构升级，保障国家粮食有效供给的任务异常艰巨。当前如果仅仅依靠中国自身的农业资源，必将付出更大的资源和环境代价，得到更低的边际产出。所以，国家需要从战略上谋划农业"走出去"，充分利用国外农业资源，弥补国内农业资源环境的短板，利用国际市场适度进口海外农产品，调剂国内市场需求余缺，通过建立开放的粮食安全保障体系，以更有效地应对粮食安全问题。

（2）**增强农业国际竞争力，优化国内农业结构。**ABCD四大国际粮商在世界粮食贸易中占据着统治地位，他们以全产业链的方式调动全球农业生产资源，把持着各个领域的农业生产，中国农业企业如若现在直接同国际巨头较量，无异于以卵击石。因此，国家需要扶持一批能够在国际农业市场占据一席之地的企业，一方面利用海外资源生产粮食，形成稳定的粮食进口源，另一方面，通过发展出一批具有相对竞争力的农业企业，引领农业产业向全产业链发展，带动中国农业结构从全球资源配置的角度进行优化，进而增强农业产业的竞争力。

（3）**肩负和平发展使命，推进"一带一路"建设。**和平发展、合作共赢是世界发展的趋势，中国农业对外合作，既不是转嫁国内问题和矛盾的手段，也不是所谓的"新殖民主义"掠夺，而是互利互惠地开展经贸往来。农业"走出去"必须要体现出中国坚持和平发展的理念，这不仅是对世界垄断厂商的冲击，更是带动发展中国家提升农业生产水平的方式。但是，中国毕竟还是发展中国家，先有重点地从"一带一路"沿线国家及周边国家开始，导入"全球责任"的食物权力保障观点，开展全球供应链建设示范，提高落后国家地区基本的食物自给能力，通过农业合作搭建和平友好的国际关系。

### 11.3.2　农业企业需求

第一，企业需要减轻"走出去"的各种成本费用。

农业企业想要出海经营，先要甩掉国内沉重的包袱。其一是资金成本，对外投资的农业企业，除极少数大型企业外，大量的中小企业不仅融资难，而且融资成本高，一些资金量大、投资期长的农业基础设施项目，融资成本甚至高于项目收益，导致企业无利可图，不愿意扩大海外投资。其二是时间成本，市场竞争中企业的投资机会稍纵即逝，但国内政府主管部门审批环节多，需要国家发展和改革委员会、商务部、国家外汇管理局甚至国务院国有资产监督管理委员会审批盖章，整个审核流程下来，可能企业已经失去了市场。其三是机会成本，相对于在国内生产所获得的大量补贴和税收优惠，农业企业对外投资不仅没有这些补贴和优惠，反而对内销售的农产品还有配额限制，一进一出相加，海外农业的机会成本非常高。

第二，企业需要弥补资源要素缺乏竞争力的短板。

农业企业"走出去"存在资源要素缺乏竞争力的问题，主要表现在人才匮乏、技术限制、组织乏力、信息缺失4个方面。一是国内涉农企业在对外人才储备方面不足，紧缺了解国际贸易规则、懂当地语言和传统习俗的专业人才，人才瓶颈束缚了企业海外业务的开展；二是海外项目的技术效率较低，受限于国内出入境管制在农业技术和农业资料方面的政策，农业企业在海外不能使用某些国内成熟的科学技术，影响了企业创造利润；三是中国农业企业对外经营中组织合力不够，单打独斗多、相互合作少，甚至有些企业还在海外相互拆台，弱化了企业的市场优势；四是农业企业"走出去"的信息渠道少，经营信息多来自传统外贸渠道，行业企业之间、政府企业之间沟通交流不畅，错失了不少经营机会。

第三，企业需要规避投资国的各种制度风险。

异域的社会习俗和制度环境较之国内有很大差异，加之中国农业企业缺乏国外经营经验，习惯性地采用已有方式处理问题，比如某些"人情关系"的方法，触及了所在国法律红线，给企业带来了巨额损失，甚至断送项目。另外，有些国家随意地设置保护性政策，比如设置高投资门槛、限定土地使用、增加农产品出口税等，也给农业企业经营带来非常大的不确定性。

## 11.3.3 东道国的发展诉求

中国农业企业在"走出去"过程中，不能一味追求自身利益，必须兼顾东道国的需求，谋求可持续合作，走共同发展的道路。首先，东道国作为一个主权国家，本国国民拥有人类基本食物获取的权力，尊重东道国的发展意愿是合作的前提。其次，某些发展中国家农业基础设施缺乏、农业技术落后、粮食产量低，急需外部援助提升农业生产能力，分享农业开发的成果。再次，有的国家除了有增加本国资本的需求外，还要求雇佣当地工人，并限制使用土地。最后，东道国的文化习俗也需要保护，在开拓海外农业基地的过程中，必须尊重民族的禁忌和信仰，避免冲突。

# 11.4 农业对外支持政策框架体系

中国未来农业"走出去"支持政策的制定，需要融合国家的要求、企业和东道国的需求，前提是要维护国家利益指明出行道路，基础在于满足企业利益激发企业大步"走出去"，条件是要考虑东道国需求引导企业持续"走进去"，根本目的是顺应现代农业发展趋势支持企业"走出去"。

由此，国家的支持政策未来将进一步协调国家、企业和东道国三个维度的需求，以国家利益、农业发展和国际担当为目标，形成以安全为核心，以农业竞争力提升和结构调整为执行方式，与各个国家共同维护世界食物安全和国际市场秩序，展示和平发展的大国形象，如图 11-1 所示，形成目的明确、层次分明的农业"走出去"的政策体系结构。

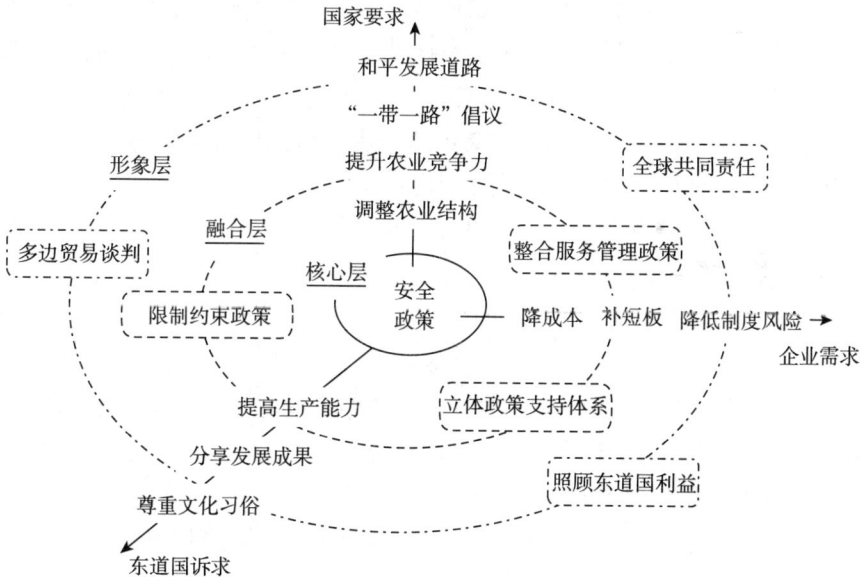

图 11-1 农业"走出去"支持政策发展构架图

## 11.4.1 核心层：强化和扩展粮食安全保障功能

14 亿人的吃饭问题是头等大事，农业"走出去"必须服从、服务于这个大局，保障饭碗牢牢端在自己手上。中国粮食的供需长期处于紧平衡的状态，粮食和食物安全面临着严峻挑战，"走出去"的支持政策必将坚持安全这个中心问题，通过整合海外农业资源和国内农业资源，保证农产品供给稳定，并利用国际市场和国内市场调节农产品价格，防止市场出现剧烈波动，实现整体供需均衡，避免出现系统性风险。

## 11.4.2 融合层：助力农业产业国际竞争能力提升，促进农业结构全局优化

其一，支持政策将按照国家农业供给侧改革要求增加竞争力、优化农业结构，帮助企业降低成本费用和弥补要素短板。

一方面，政府完善服务管理政策，整合信贷、税收、进出口、保险、外汇等政策，增加部门联合行动，减少分散性政策审批和检查，便捷农业"走出去"的手续，这对企业而言，就是减少运行成本，提高农业投资的灵活性。另一方面，打造全方位立体的政策支持服务体系，政府通过提供及时信息服务，培育海外中国农业企业商会，设立农业"走出去"发展基金等方式，引导企业在海外扩大经营规模、延伸产业链，在区域形成规模效益、范围效益和集聚效应，进而增强企业的国际市场竞争能力。企业发展壮大、国际市场话语权增强，反过来，又能激励国内农业提高生产技术，促进市场竞争淘汰落后产能，进而从国际市场和资源的角度来优化国内农业结构。

其二，政策支持农业企业"走出去"做大做强，与东道国分享发展成果。

农业企业借助国内的政策支持，依靠东道国资源，为实现农产品和加工品的全球生产，不仅会投资建立生产种植基地，并且在延展产业链过程中，还会增加仓储、物流、港口、加工等设施，形成庞大的产业集团。但是，中国农业对外投资，不只是做大做强农业生产这块蛋糕，更重要的是要合理地分配这块蛋糕。未来政策将兼顾东道国的诉求，指向共享和合作，在基础设施建设、农业技术培养、农业资源利用等方面更深入地和所在国开展联合开发，与东道国协作开发农业项目，发挥出农业对外投资的溢出效应，提高东道国农业产量和农业技术水平。

## 11.4.3 形象层：走和平发展道路，共同维护世界食物安全和市场秩序

中国农业对外合作致力于引导国际社会建立公正合理的全球粮食安全和市场新秩序，是中国走和平发展道路的具体体现。未来政策将在规避东道国政治法律风险和保护企业利益之间，寻求最大公约数。

第一是推动多边谈判，尊重东道国意愿签订互助共赢的双边"投资保护协

定"。加强与重要国家的经济联系，特别是积极与"一带一路"沿线国家和地区进行农业投资和贸易磋商，并全力与周边国家建设自贸区，加快区域经济一体化进程，以改善农业企业在海外的经营环境，降低企业投资的不确定性。

第二是政策将约束农业企业在海外的经营行为。制定海外经营的警示制度和征信体系，避免国内企业在海外恶性竞争，扰乱当地甚至是国内的产品市场和要素市场价格，防止企业违约和过度使用东道国资源，破坏当地生态和文化环境，损害中国农业对外合作形象。

第三是今后中国在世界上将更主动地承担应尽的人类食物安全保障责任，政策更倾向引导农业合作国家共同维护国际粮食安全。为把中国农业全球战略融入全球农业共同治理的过程中，未来政府将通过积极参与国际农业投资规则的制订、协助联合国粮农组织等国际机构和非政府组织工作、搭建地区间政府农业合作联络平台等方式，更好地衔接中国政策和国际规则，有的放矢地组织企业在国际市场发挥作用。

# 11.5　加强和完善农业对外合作政策措施

## 11.5.1　从全球战略角度进行系统布局

农业企业"走出去"既是企业行为，更是国家战略，通过发展农业对外合作提高国家食物安全保障水平并带动相关产业升级，以获得更多的战略纵深和国际贸易话语权，所以，应从国家全球战略安全和竞争的角度，进行整体、长期和系统的规划布局，协调外交战略、金融战略和产业战略等战略，保障和支持农业企业"走出去"。首先，战略的规划需要具有系统性，既要指导国内农业产业结构调整，避免国内农业企业受到海外市场冲击，也要跟踪国际粮食贸易趋势，规避世界市场负面的政治倾向和经济形势影响。其次，战略规划要有长期性，循序渐进地分阶段开展，当前以初级农产品交易、农业对外直接投资和国际多元合作为主，远期以国际食物安全、全球食物安全共同治理为目标，整体保障全球食物供需均衡。再次，战略规划要有层次性，注意大型集团和中小企业的差别，规划两者在不同层次展开竞争，还要特别重视"一带一路"沿线国家，在这些地区适当加强投入，以配合其他战略展开。

## 11.5.2　有针对性地细化扶持政策

在农业"走出去"推进过程中，会面临很多具体问题需要处理，而现阶段问题集中在资金、人才和技术等问题，为此需要有针对性地制定和落实政策，给农业企业"走出去"吃下"定心丸"。

农业对外投资需要给予必要的资金支持，尤其是在初期阶段，需要更多资金支持，所以，一是建议借鉴发达国家开拓国际市场的普遍做法，设立中国农业对外直接投资建设基金，用于支持企业资本金、企业对外投资亏损、企业开拓市场的前期费用和重点农产品资源回运费等；二是建议提高农业对外直接投资建设贷款的贴息率，延长贴息年限、扩大贴息范围，支持国内企业在境外购买或租赁土地、自建码头与仓储等物流设施、并购境外企业等；三是提议农业"走出去"重点项目列入国家信用担保的范围，逐步建立符合中国国情的境外农业合作保险制度。对农业境外投资中的外汇不可兑换风险、自然灾害、政治动乱等风险设立专门的险种，国家给予一定的保费补贴；四是对境外农业投资企业在尚未与中国签订避免双重征税协定的国家和地区已缴纳所得税的，在国内应对已缴纳税额予以扣除。最后还要积极探索和研究符合世贸组织规则的其他税收优惠政策。

在技术方面，要正确把握外援项目中农业技术示范中心的目标定位和可持续发展的内在要求，将对外援助项目与"走出去"农业合作开发项目相结合，坚持"企业为主、市场运作、政府引导、科技支撑、形式多样"的原则，通过推进产学研结合，建立起新的商业运作模式，在发挥援外项目的示范、引导和培训功能的同时，实现境外项目的可持续发展和运营。

在人才方面，加强外向型人才培养，为农业企业"走出去"提供人才支撑。也要积极通过外交途径，帮助解决劳务配额限制、人员签证期限短、农业"走出去"生产资料和设备过境关税过高等实际问题。

## 11.5.3 加强政府和民间组织的协调配合

农业企业"走出去"需要政府和民间组织协调配合，各取所长，根据投资国的特点，采用不同的方式和身份进行合作。

政府应该更突出服务工作，配合中国农业企业顺利地走到国外市场中去。当前特别需要完善海外农业信息收集发布平台，为对外投资企业提供与投资国有关的法律、政策、政府管理程序等基本信息，发布权威信息，减少企业信息搜集成本。政府在处理农业"走出去"的国内事务上，则需要制定保护企业境外投资利益的法律法规，成立政府联络机构，负责"走出去"的规划制订和管理协调；特别是在重点国家可以增设农业参赞或农业外交官，加强政府间合作平台建设，把有条件的项目纳入政府间多边农业合作框架协议，降低政治风险。

民间组织应该发挥机构灵活、协调沟通简单的特点，引导行业组织中的企业形成合力，抱团走出去，用非官方的方式，引导和支持行业企业合理地进行农业对外投资。民间组织可以更积极地联络和整合专家学者资源，搭建和海外专家学者的联络交流机制，为农业企业"走出去"提供更多技术支持和咨询建议。

## 11.5.4    支持大型农业企业构建全球供应链

国际农产品现在的市场结构为寡头垄断，在 ABCD 四大巨头的挤压下，非常需要培育具有国际竞争力的大粮商和农业企业集团与其竞争。建议根据中国农业企业发展现状，培育少量市场竞争力强大、具有一定规模、从业经验丰富、农业科技实力储备较强的特大型农业企业，给予全方位的重点支持，并鼓励其向国际市场扩展。支持这些农业企业从全产业链视角布局农业对外合作，引导和帮助他们向研发、加工、物流、仓储、港口等资本密集和科技含量高的环节进军，提高农业生产的附加值水平，依托中国巨大的国内市场需求，塑造具有掌控关键节点的国际影响能力，在国际市场上建立起中国企业主导的、适合全球分工体系的、高附加值的供应链网络。

# 参 考 文 献

包乌兰托亚，郑丹，2018. 中国与荷兰农业合作发展的现实基础与路径选择 [J]. 安徽农业
  科学（21）：216-219.

蔡佳颖，2018. 中泰农业合作研究 [D]. 南宁：广西大学.

蔡亚庆，陈瑞剑，仇焕广，2011. 农业对外经济合作国际经验及其对中国农业"走出去"
  的启示 [J]. 世界农业（11）：46-50.

曹文芳，2018. 美国对非洲农业援助的发展历程、特点及经验 [J]. 世界农业（7）：
  149-155.

程国强，2014. 中国有望成全球农产品交易中心 [J]. 农经（12）：10.

程国强，朱满德，2014. 中国农业实施全球战略的路径选择与政策框架 [J]. 改革（1）：
  109-123.

仇焕广，陈瑞剑，廖绍攀，等，2013. 中国农业企业"走出去"的现状、问题与对策 [J].
  农业经济问题（11）：44-50，111.

崔日明，俞佳根，2015. 基于空间视角的中国对外直接投资与产业结构升级水平研究 [J].
  福建论坛（人文社会科学版）（2）：26-33.

达莎，2016. 中国对乌克兰直接投资对双边贸易的影响研究 [D]. 北京：中央民族大学.

戴翔，张义佼，2013. 发达国家农村合作金融模式及在中国的适用性 [J]. 世界农业（8）：
  17-20.

邓平平，2018. 对外贸易、贸易结构与产业结构优化 [J]. 工业技术经济（8）：27-34.

方旖旎，2015. 后危机时代中国企业境外农业投资研究 [J]. 农业经济问题（10）：53-
  59，111.

房裕，2015. 中国对外直接投资对国内产业升级的影响及对策建议 [J]. 甘肃社会科学
  （5）：156-160.

宫汝凯，李洪亚，2016. 技术进步、经济结构转型与中国对外直接投资：基于 2003—2012
  年的证据 [J]. 南开经济研究（12）：56-77.

韩振国，王伊欢，2016. 意见领袖、社会网络与援非农业技术示范中心的技术传播分
  析——以援坦桑尼亚农业技术示范中心为例 [J]. 复旦国际关系评论（2）：234-245.

韩振国，徐秀丽，贾子钰，2018. "一带一路"倡议下中国对外农业合作空间格局的探索
  [J]. 经济问题探索（7）：98-104.

何安华，陈洁，2014. 日本保障粮食供给的战略及政策措施 [J]. 现代日本经济（5）：62-74.

侯旭，2009. 对外贸易与产业结构的相关性分析 [D]. 宁波：宁波大学.

黄杰，刘成，冯中朝，2018. 中国对"一带一路"沿线国家农产品出口增长二元边际及其影响因素分析 [J]. 中国农业大学学报（12）：187-199.

姜晔，杨光，何君，2015. 浅析中国农业企业软实力"走出去" [J]. 农村经济与科技（4）：119-122.

蒋兴红，2014. 农产品国际贸易对中国经济增长的影响研究 [D]. 杨凌：西北农林科技大学.

李艳君，2016. 中国农业对外合作：现状、问题与对策 [J]. 中国经贸导刊（30）：42-44.

刘汉武，2016. 援非农业技术示范中心推动农业"走出去"的思考——以援津巴韦布农业技术示范中心为例 [J]. 世界农业（10）：219-220，239.

刘淑，2015. 贸易开放与中国农业产业结构的研究 [D]. 福州：福州大学.

刘望，2013. 国际贸易与中国产业结构调整 [D]. 湘潭：湘潭大学.

刘雅娇，胡静波，2018. 劳动生产率、劳动力转移与产业结构变迁——基于鲍莫尔——福克斯假说实证分析 [J]. 税务与经济（2）：34-40.

卢进勇，宋琳，2017. 供给侧结构性改革背景下中国"走出去"战略新思考 [J]. 国际贸易（2）：21-25.

栾申洲，2018. 对外贸易、外商直接投资与产业结构优化 [J]. 工业技术经济（1）：86-92.

宋洪远，徐雪，翟雪玲，等，2012. 扩大农业对外投资加快实施"走出去"战略 [J]. 农业经济问题（7）：11-19，110.

宋洪远，张红奎，2014. 中国企业对外农业投资的特征、障碍和对策 [J]. 农业经济问题（9）：4-10，110.

谭砚文，2011. 资源约束、贸易失衡与中国农业"走出去"战略 [J]. 广东社会科学（6）：66-74.

万宝瑞，2015. 确保中国农业三大安全的建议 [J]. 黑龙江粮食（4）：10-12.

王镭，张洁，2014. 国外金融支持农业"走出去"的经验分析与借鉴 [J]. 中国农业信息（9）：36-41.

王为农，2012. 中国农业"走出去"的战略思考 [J]. 宏观经济管理（6）：39-41.

魏登峰，2016. "一带一路"战略下中国农业如何"走出去"——中国企业家博鳌论坛·"全球视野下的农业对外合作"分论坛观点梳理 [J]. 农村工作通讯（13）：31-33.

谢杰，2011. 出口商品结构变化对经济增长的门限效应：浙江与全国的对比研究 [J]. 浙商研究：51-64.

徐波，朱红缨，2018. "一带一路"背景下的中白经贸合作：现状与展望 [J]. 浙江树人大学学报（人文社会科学）（6）：35-40.

杨易，陈瑞剑，2012. 对外农业投资合作资金支持政策现状、问题与政策建议 [J]. 世界农业 (6)：33-37.

杨易，马志刚，王琦，等，2012. 中国农业对外投资合作的现状分析 [J]. 世界农业 (12)：107-112.

仰叶齐，2018. 中国农业对外合作交流的供给侧改革 [J]. 农经 (3)：21-24.

尹成杰，2010. 农业跨国公司与农业国际化的双重影响 [J]. 农业经济问题 (3)：4-10，110.

余杨，2004. 中国对外直接投资与产业转移的研究 [D]. 杭州：浙江工业大学.

俞佳根，2016. 中国对外直接投资的产业结构升级效应研究 [D]. 沈阳：辽宁大学.

翟雪玲，韩一军，2006. 制约中国农业"走出去"的不利因素及未来发展战略 [J]. 调研世界 (11)：30-32，43.

张晨，2001. 农村信用社体制改革的思考 [J]. 探索与争鸣 (7)：2.

张建华，何宇，陈珍珍，2018. 国际贸易冲击与产业结构变迁：基于经济稳定视角 [J]. 经济评论 (4)：31-44，83.

张蛟龙，2018. 金砖国家粮食安全合作评析 [J]. 国际安全研究 (6)：107-129，155-156.

张远鹏，李玉杰，2014. 对外直接投资对中国产业升级的影响研究 [J]. 世界经济与政治论坛 (6)：1-15，29.

张月，2016. 中国农业"走出去"的现状、问题及对策研究 [J]. 农村工作通讯 (2)：44-46.

张振，马翠萍，刘志颐，徐雪高，2017. 中国农业对外直接投资是否存在生产率悖论——基于2005—2014年省级面板数据的实证分析 [J]. 统计与信息论坛，32 (01)：76-83.

张志彬，王琼，2014. 粮食安全框架下国际农业资源利用的路径、模式与政策选择 [J]. 农村经济 (12)：20-25.

赵忠臣，2015. 新常态下对俄农业合作开发方向探寻——以东宁为例 [J]. 黑龙江金融 (5)：35-36.

朱月季，周德翼，汪普庆，2015. 援非农业技术示范中心运行的现状、问题及对策——以中国—莫桑比亚农业技术示范中心为例 [J]. 世界农业 (9)：64-69，251-252.

邹璟琦，肖克，2018. 对外援助悖论视角下的中国对缅甸援助问题分析及对策研究 [J]. 广西大学学报（哲学社会科学版）(3)：93-98.

图书在版编目（CIP）数据

新时代背景下中国农业对外合作制度设计与政策选择 /
张振，于海龙编著 . —北京：中国农业出版社，
2019.10

ISBN 978-7-109-25821-1

Ⅰ．①新… Ⅱ．①张… ②于… Ⅲ．①农业技术－对
外合作－研究－中国 Ⅳ．①F321.4

中国版本图书馆 CIP 数据核字（2019）第 177507 号

新时代背景下中国农业对外合作制度设计与政策选择
**XINSHIDAI BEIJING XIA ZHONGGUO NONGYE DUIWAI HEZUO ZHIDU**
**SHEJI YU ZHENGCE XUANZE**

中国农业出版社出版
地址：北京市朝阳区麦子店街 18 号楼
邮编：100125
责任编辑：贾 彬 文字编辑：耿增强 贾 彬
版式设计：杨 婧 责任校对：张楚翘
印刷：北京中兴印刷有限公司
版次：2019 年 10 月第 1 版
印次：2019 年 10 月北京第 1 次印刷
发行：新华书店北京发行所
开本：700mm×1000mm 1/16
印张：10.25
字数：170 千字
定价：40.00 元